Stephen Janetzko:

Frühling, lieber Frühling

70 Frühlingslieder zum Mitsingen & Mitspielen.

Das Liederbuch mit allen Texten, Noten und Gitarrengriffen zum Mitsingen und Mitspielen

Neue Kinderlieder von und mit Stephen Janetzko & Freund*innen.

Zu diesem Liederbuch sind separat Download/Streaming-Alben erschienen.

www.kinderliederhits.de
Alle Lieder verlegt bei Edition SEEBÄR-Musik Stephen Janetzko, Erlangen
Coverillu/Illustration: Petra Lefin - Covergrafik: Stephen Janetzko
Notensatz, Fotos, grafische Vorbereitung und Idee: Stephen Janetzko

ISBN 978-3-95722-599-3
ePDF-ISBN 978-3-95722-883-3

Kontakt-/Herstelleradresse:
Stephen Janetzko, Herbstäckerweg 23, 91056 Erlangen, DE, gpsr@kinderliederhits.de

Inhaltsverzeichnis

Frühling, lieber Frühling

Text und Musik: Stephen Janetzko

1. Frühling, lieber Frühling, endlich bist du da!
Frühling, lieber Frühling, ist es wirklich wahr?
Wir woll'n wieder Sonne und nach draußen geh'n!
Frühling, lieber Frühling, du bist wunderschön!

2. Frühling, lieber Frühling, endlich bist du da!
Frühling, lieber Frühling, ist es wirklich wahr?
Lass die Gräser sprießen und die Blumen blüh'n!
Frühling, lieber Frühling, du bist wunderschön!

3. Frühling, lieber Frühling, endlich bist du da!
Frühling, lieber Frühling, ist es wirklich wahr?
Schick den Osterhasen, mach die Bäume grün!
Frühling, lieber Frühling, du bist wunderschön!

Spielhinweis:
Ein einfaches Frühlingslied, das sich mit 2 oder 3 Akkorden begleiten lässt (In der 3. Zeile kannst du auch ein F statt des G spielen).

Wenn der Frühling kommt

Text: Stephen Janetzko; Musik: Lucia Ruf und Stephen Janetzko;

Tempo: ca. 138

1. Wenn der allererste Krokus sprießt
und ich jeden Sonnenstrahl genieß,
wenn ich draußen wieder spielen kann,
sag mir, welche Jahreszeit ist dann?

Refrain:
Frühling kommt, wenn die Blüten blüh'n,
Frühling kommt, das ist wunderschön.
Frühling kommt, Frühling kommt,
wenn der Frühling kommt.

2. Springt der Osterhase übers Feld;
lebe ich so gern auf dieser Welt.
Auf der Schaukel, was ein Riesenspaß!
Barfuß laufen durch das frische Gras...

Refrain: Frühling kommt, wenn die Blüten blüh'n...

3. Amsel, Drossel, Fink und auch der Star,
alle Vögel sind schon wieder da!
Und ich seh den ersten Schmetterling,
während ich dies schöne Liedchen sing...

Refrain: Frühling kommt, wenn die Blüten blüh'n...

Frühling, du bist da

Text und Musik: Lucia Ruf und Stephen Janetzko

Refrain:
Frühling, Frühling,
du bist da.
Frühling, Frühling,
wunderbar!

1. Vögel singen schöne Lieder,
Bienen summen immer wieder.

Refrain: Frühling, Frühling ...

2. Blumen blühen auf der Wiese.
Sonne, wie ich dich genieße!

Refrain: Frühling, Frühling ...

3. Käfer krabbeln, Frösche laichen,
Schnecken wollen immer schleichen.

Refrain: Frühling, Frühling ...

4. In den Nestern Ostereier,
kunterbunt zur Osterfeier.

Refrain: Frühling, Frühling ...

5. Raupen fressen leckre Dinge,
werden schöne Schmetterlinge.

Refrain: Frühling, Frühling ...

Frühlingskanon

Text und Musik: Stephen Janetzko;

Tempo: ca. 120

Wenn die Vögel wieder singen
und die Lieder wieder klingen,
wenn die Sonne wieder lacht,
ist der Frühling aufgewacht.

Hinweis:
Ein einfacher Frühlingskanon für Jung und Alt.

Frühlingslied (Winter ade)

Text: Barbara Cratzius; Musik: Stephen Janetzko; CD "Stark wie ein Baum"

Tempo: ca. 150

2. März, komm her, wo bleibst denn du? Los, wir warten sehr!
Sonne, putz die Augen blank, schick den Frühling her.
Sonne, putz die Augen blank, schick den Frühling her.

3. Kalter Winter, deine Zeit ist doch nun vorbei.
Und ich putz mein Dreirad blank! Auf geht`s! Los! Juchhei!
Und ich putz mein Dreirad blank! Auf geht`s! Los! Juchhei!

4. Immer schneller läuft mein Rad, keiner holt mich ein.
Und ich freu mich jeden Tag übern Sonnenschein.
Und ich freu mich jeden Tag übern Sonnenschein.

Hinweis: In der 3. Strophe singen wir bei älteren Kindergarten- sowie Schulkindern "Fahrrad" statt "Dreirad".

Der Frühling ist da

Text und Musik: Stephen Janetzko; CD "Der Frühling ist da - 20 schönste Kinderlieder im Frühling"

Refrain: Der Frühling ist da...

2. Alle Knospen springen auf, alle Gräser sprießen.
Krokusse und Bärlauchzeit kannst du jetzt genießen. Der Frühling ...

3. Hasen hoppeln rechts und links, legen sogar Eier,
bunt, verziert und angemalt, für die Osterfeier. Der Frühling ...

4. Lass uns auf den Spielplatz gehn, schaukeln, rutschen, bauen,
mit dem Fahrrad zisch ich ab, tja, da wirst du schauen! Der Frühling ...

5. Sieh mal, wie der Schmetterling fliegt in unserm Garten!
Wollen wir genau wie er einen Ausflug starten? Der Frühling ...

Weitere Strophe:

6. Endlich wird es wieder warm, alle Fenster offen.
Dass es immer schöner wird, wollen wir doch hoffen. Der Frühling ...

Der Frühling - schönste Zeit

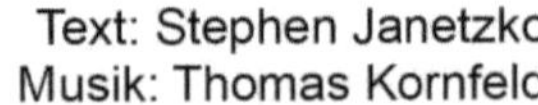
Text: Stephen Janetzko
Musik: Thomas Kornfeld

♩ = 120

F C7 F C7 F B♭
Refrain: Der Früh - ling ist da! Der Früh - ling ist da! Die Welt ist grün, die Son - ne lacht, ich

4 F G7 C G7 C F
find das wun-der - bar. Wenn Vö - gel sin - gen ist für mich die schön-ste Zeit im Jahr. Der

7 C7 F C7 Dm B♭ F
Früh - ling ist da! Der Früh - ling ist da! Die schön - ste Zeit im Jahr! Der

11 Gm7 C7 F Dm A7 Dm
Früh - ling ist da! **Fine** 1.Mor-gens wird es frü - her hell, a - bends scheint noch Son - ne.

14 F Gm
End - lich wie - der drau - ßen sein, ech - te Früh-lings-won - ne! Al - le Knos-pen sprin-gen auf,

17 C7 F Dm A7 C7 F *Refrain:*
al - le Grä - ser sprie - ßen. Kro - kus - se und Bär-lauch-zeit kannst du jetzt ge - nie - ßen. Der

D.S. al Fine

Refrain:
Der Frühling ist da! Der Frühling ist da!
Die Welt ist grün, die Sonne lacht, ich find das wunderbar.
Wenn Vögel singen ist für mich die schönste Zeit im Jahr.
Der Frühling ist da! Der Frühling ist da!
Die schönste Zeit im Jahr! Der Frühling ist da!

1. Morgens wird es früher hell, abends scheint noch Sonne.
Endlich wieder draußen sein, echte Frühlingswonne!
Alle Knospen springen auf, alle Gräser sprießen.
Krokusse und Bärlauchzeit kannst du jetzt genießen.
Refrain: Der Frühling ist da!...

2. Endlich wird es wieder warm, alle Fenster offen.
Dass es immer schöner wird, wollen wir doch hoffen.
Schau nur, wie der Schmetterling fliegt in unserm Garten!
Wollen wir genau wie er einen Ausflug starten?
Refrain: Der Frühling ist da!...

Der Frühling kommt

Text und Musik: Stephen Janetzko; CD "Der Frühling ist da - 20 schönste Kinderlieder im Frühling"

1. Wenn ich aus dem Fenster schau, es ist kaum zu glauben.
Überall das frische Grün, da vor meinen Augen.
Meine Freunde spielen schon, draußen vor dem Haus!
Und mich hält es auch nicht hier, ich will wieder raus!

Refrain: Der Frühling kommt (der Frühling kommt) kommt raus aus seiner Gruft.
Der Frühling kommt (der Frühling kommt)!
Ich spring vor Freude drei Mal in die Luft! (1,2,3!)
Der Frühling kommt ... vier Mal in die Luft! (1,2,3,4!)

2. Wenn ich jetzt nach draußen geh, hey, dann schaut die Sonne raus!
Blumen, Blüten überall, alle Knospen springen auf!
Ich pflück ein paar Gänseblümchen, Mama wird sich freun,
Und ich laufe durch die Wiese morgens um halb neun!

Refrain: ...fünf Mal in die Luft! (1,2,3,4,5!) ... sechs Mal in die Luft! (1,2,3,4,5,6!)

Zwischenspiel: Lange haben wir gewartet, endlich ist er da!
Vogelstimmen, Schmetterlinge sind so wunderbar!

Refrain: ... sieben Mal in die Luft! (1,2,3,4,5,6,7!) ... acht Mal in die Luft! (1,2,3,4,5,6,7,8!)

3. Ostern, Pfingsten, Muttertag, jetzt gibt's viele Feste.
Frühling ist ne tolle Zeit, das ist echt die Beste!
Ach, ist das nicht wunderbar, es wird wieder hell.
Ich steig auf mein Fahrrad und ich bin jetzt richtig schnell!

Refrain: ... neun Mal in die Luft! (1,2,3,4,5,6,7,8,9!) ... zehn Mal in die Luft! (1,2,3,4,5,6,7,8,9,10!)

Der Frühling kommt raus aus seiner Gruft

Refrain:
Der Frühling kommt, der Frühling kommt,
kommt raus, kommt raus aus seiner Gruft.
Ich spring vor Freude dreimal in die Luft!
Der Frühling kommt aus seiner Gruft.

1. Wenn ich aus dem Fenster schau,
es ist kaum zu glauben.
Überall das frische Grün,
da vor meinen Augen.
Refrain: Der Frühling kommt...

2. Wenn ich jetzt nach draußen geh,
ja, dann schaut die Sonne raus!
Blumen, Blüten überall,
alle Knospen springen auf!
Refrain: Der Frühling kommt...

3. Ostern, Pfingsten, Muttertag,
jetzt gibt's viele Feste.
Frühling ist ne tolle Zeit,
ja, die allerbeste!
Refrain: Der Frühling kommt...

Im Frühling

Text: Stephen Janetzko; Musik: Tara G. Zintel;

2. Liedchen, kling, Liedchen, kling im Frühling,
Liedchen, kling, Liedchen, kling im Frühling.
Deinen hellen Ton zwitschern alle Vögel schon,
und die Sonne lacht, so viel heller wird die Nacht.
Dann bin ich einfach so in meinem Herzen froh,
ja, dann bin ich einfach so, bin in meinem Herzen froh.

3. Hase, spring, Hase, spring im Frühling,
Hase, spring, Hase, spring im Frühling.
Lauf durch Wald und Feld, trag die Freude in die Welt.
Für das Osterfest leg die Eier schnell ins Nest.
Dann bin ich einfach so in meinem Herzen froh,
ja, dann bin ich einfach so, bin in meinem Herzen froh.

Hinweis. Hier in der Komposition von Tara G. Zintel.

Im Frühling

Text: Stephen Janetzko, Musik: Thomas Kornfeld; CD "Der Frühling ist da - 20 schönste Kinderlieder im Frühling" © Edition SEEBÄR-Musik Stephen Janetzko, www.kinderliederhits.de

2. Liedchen kling, Liedchen kling,
deinen hellen Ton,
Liedchen kling, Liedchen kling,
zwitschern alle Vögel schon.
Und die Sonne lacht,
so viel heller wird die Nacht.
Ja, dann bin ich einfach so
in meinem Herzen froh,
in meinem Herzen froh.

3. Hase spring, Hase spring,
lauf durch Wald und Feld;
Hase spring, Hase spring,
trag die Freude in die Welt.
Für das Osterfest
leg die Eier schnell ins Nest.
Ja, dann bin ich einfach so
in meinem Herzen froh,
in meinem Herzen froh.

Hinweis. Hier in der Komposition von Thomas Kornfeld.

Frühlingsanfang

Text: Andrea Thiel; Musik: Stephen Janetzko;
Tempo: ca. 192 *© Edition SEEBÄR-Musik Stephen Janetzko, www.kinderliederhits.de*

2. Auch Eichhörnchen klettern den Baumstamm hinab,
der Winter war lang und der Vorrat wird knapp.
Sie spüren die Sonne schon im Winterfell,
vorbei ist die dunkelste Zeit es wird hell.

Refrain: Der Frühling ist da, der Frühling ist da...

3. Die Mäuschen, die flitzen durch Feld und durch Gras,
nach langer Ruh macht ihnen Laufen viel Spaß.
Sie knabbern an allem, was wächst und gedeiht,
vorbei ist die frostige Winterzeit.

Refrain: Der Frühling ist da, der Frühling ist da...

4. Komm du auch geschwind und trau dich aus dem Haus
und lach mit uns allen den Winter jetzt aus.
Dann flieht er mit Schnee und Eis weit um die Welt,
weil uns doch der Frühling hier so gut gefällt!

Refrain: Der Frühling ist da, der Frühling ist da...

Frühlingstanz

Text: Andrea Thiel; Musik: Stephen Janetzko;

Tempo: ca. 152

2. Zwischen blätterlosen Zweigen
wolln die Vögel nicht mehr schweigen.
War da nicht ein Sonnenstrahl?
„Ja, am Himmel scheint die Sonne!“,
zwitschern sie, „so eine Wonne!“
Frühling wird es überall!

Refrain:
Und die Vögel recken sich,
wiegen sich im Sonnenlicht,
plustern ihr Gefieder.
Winken sich einander zu,
rufen freundlich: „Hallo du!“,
Frühling wird es wieder!

3. Käfer krabbeln aus der Erde,
durch die braunen Blätterberge.
War da nicht ein Sonnenstrahl?
„Ja, wir sehn die Sonne wieder!“
Und sie summen Käferlieder.
Frühling wird es überall!

Refrain:
Und die Käfer recken sich,
wiegen sich im Sonnenlicht,
kratzen, krabbeln summen.
Winken sich einander zu,
rufen freundlich: „Hallo du!“,
fliegen fort mit Brummen.

Wir freun uns auf das Osterfest

Text: Stephen Janetzko; Musik: Tara G. Zintel;

Tempo: ca. 100

Refrain: Wir freun uns auf das Os - ter-fest und auf die bun-ten Ei - er, das

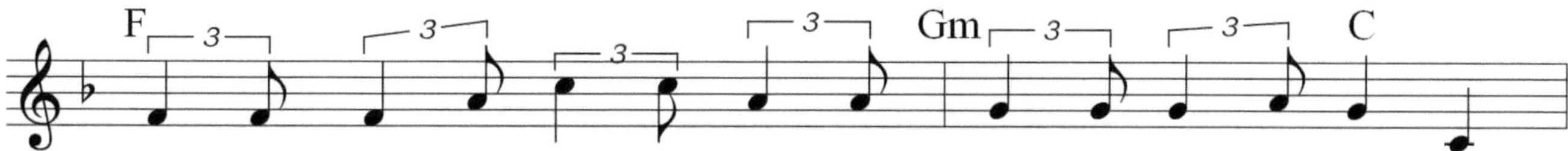

Na - schen aus dem Os - ter - nest und auf die Os - ter - fei - er!

1. Freun-de, end-lich ist´s so-weit,___ jetzt be-ginnt die Früh-lings-zeit!___

Aus dem Haus, wir sind be-reit: Denn nun ist Drau-ßen - Zeit!

Refrain:
Wir freun uns auf das Osterfest
und auf die bunten Eier,
das Naschen aus dem Osternest
und auf die Osterfeier!

2. Wenn die Mama Kräuter sät
und der Papa Rasen mäht,
ist mir das nicht einerlei:
Da helf ich gern dabei!

Refrain.

3. Scooter-Roller, rauf aufs Rad,
schönes Wetter, freie Fahrt,
Blumenstrauß und Osterei
in März, April und Mai.

Hinweis. Hier in der Komposition von Tara G. Zintel.

Wir freun uns auf das Osterfest

Text: Stephen Janetzko
Musik: Thomas Kornfeld

Refrain:
Wir freun uns auf das Osterfest
und auf die bunten Eier,
das Naschen aus dem Osternest
und auf die Osterfeier!
Und auf die bunten, auf die bunten,
auf die bunten Eier.

1. Freunde, endlich ist´s soweit,
jetzt beginnt die Frühlingszeit!
Aus dem Haus, wir sind bereit:
Denn nun ist Draußen-Zeit!
Refrain: Wir freun uns auf...

2. Wenn die Mama Rasen mäht
und der Papa Kräuter sät,
ist mir das nicht einerlei:
Da helf ich gern dabei!
Refrain: Wir freun uns auf...

3. Scooter-Roller, rauf aufs Rad,
schönes Wetter, freie Fahrt,
Blumenstrauß und Osterei
in März, April und Mai.
Refrain: Wir freun uns auf...

Hinweis. Hier in der Komposition von Thomas Kornfeld.

Wir freun uns schon auf Ostern!

Text: Andrea Lederer; Musik: Stephen Janetzko; CD "Der Frühling ist da - 20 schönste Kinderlieder im Frühling" © Edition SEEBÄR-Musik Stephen Janetzko, www.kinderliederhits.de

2. Der Osterhase kommt schon bald,
   wir werden ihn empfangen.
   Er bringt uns Eier, bunt bemalt,
   weil wir ihm Lieder sangen.

Refrain: Wir freun uns schon auf Ostern...

3. Der Osterhase ist nun da,
   versteckt sich schon im Garten.
   Auch wenn wir ihn dort springen sahn,
   woll'n wir nicht länger warten.

Refrain: Wir freun uns schon auf Ostern...

4. Der Osterhase war jetzt da,
   wir haben ihn gesehen,
   beschenkte uns wie jedes Jahr,
   kann nun nach Hause gehen.

Refrain: Wir freun uns schon auf Ostern...

5. Der Osterhase kommt bestimmt
   im nächsten Jahr gern wieder.
   Dann freut sich auch schon jedes Kind
   und singt ihm Osterlieder.

Refrain: Wir freun uns schon auf Ostern...

Hopplahopp, der Osterhase

Text und Musik: Stephen Janetzko; CD "Der Frühling ist da - 20 schönste Kinderlieder im Frühling" © Edition SEEBÄR-Musik Stephen Janetzko, www.kinderliederhits.de

2. Hoppelt über grünen Rasen,
hopplahopp, hopplahopp,
frischer Wind zieht durch die Nasen,
hopplahopplahopp.

3. Hoppelt langsam durch die Wälder,
hopplahopp, hopplahopp,
hoppelt schnell durch große Felder,
hopplahopplahopp.

4. Gibt es einmal Dauerregen,
hopplahopp, hopplahopp,
möchte er sich unterlegen,
hopplahopplahopp.

5. Ruht sich aus am Lindenbaume,
hopplahopp, hopplahopp,
träumt nun einen Hasentraume,
hopplahopplahopp.

Spielanregung:
Ein einfaches Hasenlied, das so angelegt ist, dass es auch unabhängig von Ostern gesungen werden kann.
Statt "Hopplahopp, der Osterhase" singen wir im Rest des Jahres dann durchgängig "Hopplahopp, es springt der Hase".
Zum Lied dürfen alle Kinder einfach Mithoppeln.
Wer will, darf auch den Wind schnüffeln (Strophe 2), langsam und schnell hoppeln (Strophe 3), Regen mit den Fingerspitzen andeuten und sich vorm Regen ducken (Strophe 4).
In der letzten Strophe legen sich alle hin und ruhen sich aus.

Der Osterhase macht sich fit

Text und Musik: Lucia Ruf, Stephen Janetzko, Christoph Metzger

Refrain: Hüpf, hüpf, Osterhase, hüpf, hüpf, hüpf.
Hüpf, hüpf, Osterhase, hüpf, hüpf, hüpf.
Die Ostereier sind bereit,
pünktlich zur Osterzeit.
Der Osterhase macht sich fit,
komm, mach mit!

1. Linkes Bein, linkes Bein,
rechtes Bein, rechtes Bein.
Ich will auch ein Hase sein!

Refrain: Hüpf, hüpf, Osterhase ...

2. Linker Arm, linker Arm,
rechter Arm, rechter Arm.
Linkes Bein, linkes Bein,
rechtes Bein, rechtes Bein.
Ich will auch ein Hase sein!

Refrain: Hüpf, hüpf, Osterhase ...

3. Linkes Ohr, linkes Ohr,
rechtes Ohr, rechtes Ohr.
Linker Arm, linker Arm,
rechter Arm, rechter Arm.
Linkes Bein, linkes Bein,
rechtes Bein, rechtes Bein.
Ich will auch ein Hase sein!

Refrain: Hüpf, hüpf, Osterhase ...
4. wie 3.

Refrain: Hüpf, hüpf, Osterhase, hüpf, hüpf, hüpf.
Hüpf, hüpf, Osterhase, hüpf, hüpf, hüpf.
Hüpf, hüpf, Osterhase, hüpf, hüpf, hüpf.
Hüpf, hüpf, Osterhase, hüpf.

Der Oster-Rock'n'Roll

Text und Musik: Stephen Janetzko; CD "Der Frühling ist da - 20 schönste Kinderlieder im Frühling"

Tempo: ca. 152

2. Alle Hasen hoppeln hin und her - 1-2-3, hüpfen kreuz und quer.
Um die Ecken, Hecken, jeden Baum - 1-2-3, das ist gar nicht schwer.
Und sie schlagen tolle Haken für den großen Tag!
In dem Korb die Ostereier, die ein jeder mag!

Refrain.

3. Alle Hasen springen in die Luft - 1-2-3, und von Haus zu Haus.
Ganz egal, ob du sie sehen kannst - 1-2-3, hören nicht mehr auf!
Sie verteilen, was sie haben, für den großen Tag!
In dem Korb die Ostereier, die ein jeder mag!

Refrain.

Alternativ können wir auch als Refrain folgende Version singen
(Der Osterhasen-Hit):
Das ist der Osterhasen-Hit, da tanzen alle Hasen mit!
Und selbst im grünen Gras hast du zu Ostern Spaß
mit diesem Osterhasen-Hit!

Has, Has, erzähl mir was!

Text: Andrea Lederer/Stephen Janetzko; Musik: Stephen Janetzko; CD "Der Frühling ist da - 20 schönste Kinderlieder im Frühling" © Edition SEEBÄR-Musik Stephen Janetzko, www.kinderliederhits.de

Refrain: Has, Has, erzähl mir was...

2. Und zu der Osterfeier laden wir uns Freunde ein.
Wir suchen nach den Eiern, wollen ausgelassen sein.
Die Freude wächst nun Stund für Stund!
Rot, blau und gelb und kunterbunt,
so liegen sie im Nest
für dieses Osterfest!

Refrain: Has, Has, erzähl mir was...

3. Was wir gefunden haben, essen wir mit Freude auf.
Denn bunte Eier schmecken gut und süße Hasen auch.
Ja, Ostern, das liebt jedes Kind,
seht, wie der Osterhase springt!
Und alle, groß und klein,
die stimmen nun mit ein!

Refrain: Has, Has, erzähl mir was...

Springen wie der Osterhase

Text: Andrea Thiel; Musik: Stephen Janetzko;

Tempo: ca. 160 *© Edition SEEBÄR-Musik Stephen Janetzko, www.kinderliederhits.de*

2. Ich mache große Sprünge, ich springe kreuz und quer,
auch Osterhasen springen und das gefällt mir sehr.
Hopp, hopp, hopp, ich springe kreuz und quer,
Hopp, hopp, hopp und das gefällt mir sehr.

3. Ich mache große Sprünge, ich spring mit dir im Kreis,
wir springen wie die Hasen und uns wird langsam heiß.
Hopp, hopp, hopp, ich spring mit dir im Kreis,
Hopp, hopp, hopp und uns wird langsam heiß.

4. Nun sitzen wir im Grase und schnuppern in die Luft,
bald kommt der Osterhase , ich riech den Frühlingsduft.
Mm, mm, mm, bald kommt der Osterhas.
Mm, mm, mm, zu uns ins grüne Gras.

O, O, Osterhas (Osterhasenlied)

Text und Musik: Lucia Ruf mit Stephen Janetzko

Tempo: ca. 132

1. Os-ter-ha-se, Os-ter-ha-se, hüpf schnell her, Os-ter-ha-se, Os-ter-ha-se,

War-ten fällt uns schwer. Os-ter-ha-se, Os-ter-ha-se, bring uns bun-te Ei-er,

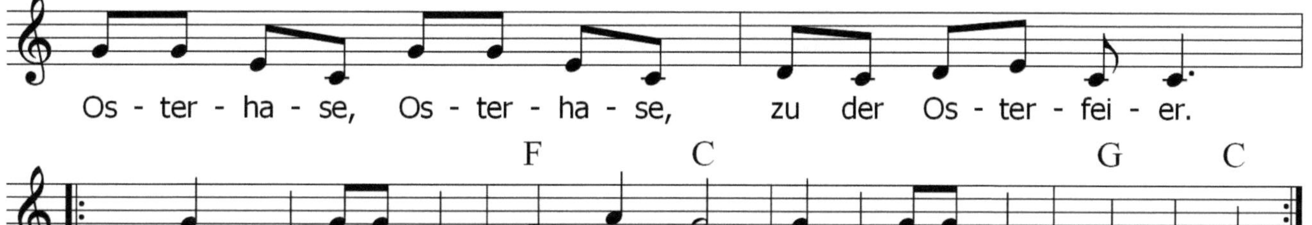

Refrain: O, O, Os-ter-has, hüpf durchs Gras! O, O, Os-ter-has, welch ein Spaß!

1. Osterhase, Osterhase, hüpf schnell her,
Osterhase, Osterhase, Warten fällt uns schwer.
Osterhase, Osterhase, bring uns bunte Eier,
Osterhase, Osterhase, zu der Osterfeier.

Refrain:
O, O, Osterhas, hüpf durchs Gras!
O, O, Osterhas, welch ein Spaß!
O, O, Osterhas, hüpf durchs Gras!
O, O, Osterhas, welch ein Spaß!

2. Osterhase, Osterhase, hör gut zu,
Osterhase, Osterhase, ach, wie toll bist du!
Osterhase, Osterhase, was du bringst, ist lecker,
Osterhase, Osterhase, du springst immer kecker.

Refrain:
O, O, Osterhas, hüpf durchs Gras ...

Osterhasentanz

Text und Musik: Lucia Ruf und Stephen Janetzko

Refrain:
Osterhase, tanz mit mir!
Osterhase, tanz!
Osterhase, zeige mir,
zeig mir, was du kannst!

1. Reich mir deine Hände,
stampf mit mir im Kreis.
Und wenn wir damit fertig sind,
sind wir leis.

Refrain: Osterhase, tanz mit mir ...

2. Reich mir deine Hände,
klatsch mit mir im Kreis.
Und wenn wir damit fertig sind,
sind wir leis.

Refrain: Osterhase, tanz mit mir ...

3. Reich mir deine Hände,
wipp mit mir im Kreis.
Und wenn wir damit fertig sind,
sind wir leis.

Refrain: Osterhase, tanz mit mir ...

4. Reich mir deine Hände,
spring mit mir im Kreis.
Und wenn wir damit fertig sind,
sind wir leis.

Weitere Bewegungen:
Patschen, schnipsen, drehen,
tanzen, wackeln ...

Was zu Ostern geschah

Text: Michael Jahnke/Stephen Janetzko; Musik: Stephen Janetzko; CD "Der Frühling ist da - 20 schönste Kinderlieder im Frühling" © Edition SEEBÄR-Musik Stephen Janetzko, www.kinderliederhits.de

2. Siehst du im Schnee die Blume blühen, - (blüh, blüh)
wie sie die Eiseskälte bricht?
Sie wächst und gedeiht, nach dem Winter ganz neu,
sie hat die Starre besiegt. – (Yeah, Yeah, Yeah!)

Refrain: Was zu Ostern geschah, was zu Ostern geschah,
ja, das macht uns die Osterglocke klar!
Was zu Ostern geschah, was zu Ostern geschah:
Jesus bleibt nicht am Kreuz, Jesus bleibt nicht im Grab,
neues Leben beginnt, weil er für uns starb,
neues Leben beginnt, weil er für uns starb.

3. Siehst du den Tag am Morgen dämmern, - (dämmer, dämmer)
wenn Licht die Finsternis durchbricht?
Die Nacht ist vorbei, und die Sonne strahlt neu,
sie hat das Dunkel besiegt. - (Yeah, Yeah, Yeah!)

Refrain: Was zu Ostern geschah, was zu Ostern geschah,
ja, das macht uns die Ostersonne klar!
Was zu Ostern geschah, was zu Ostern geschah:
Jesus bleibt nicht am Kreuz, Jesus bleibt nicht im Grab,
neues Leben beginnt, weil er für uns starb,
neues Leben beginnt, weil er für uns starb.

4. Spürst du die Freude in dir wirbeln, - (wirbel, wirbel)
wie sie die Traurigkeit durchbricht?
Die Trauer muss gehn, wenn wir auf Jesus sehn,
der Tod ist durch ihn besiegt. - (Yeah, Yeah, Yeah!)

Refrain: Was zu Ostern geschah, was zu Ostern geschah,
ja, das macht uns die Osterfreude klar!
Was zu Ostern geschah, was zu Ostern geschah:
Jesus bleibt nicht am Kreuz, Jesus bleibt nicht im Grab,
neues Leben beginnt, weil er für uns starb,
neues Leben beginnt, weil er für uns starb.

Hier ein Ei und dort ein Ei (Die Ostereier-Suche)

Text: Andrea Lederer/Stephen Janetzko; Musik: Stephen Janetzko; CD "Der Frühling ist da - 20 schönste Kinderlieder im Frühling" © Edition SEEBÄR-Musik Stephen Janetzko, www.kinderliederhits.de

Refrain: Hier ein Ei...

2. Rot, gelb, grün, blau oder bunt,
liegen sie zur Osterstund.
Ganz egal, wo sie auch sind -
du wirst sehn, dass ich sie find!

Refrain: Hier ein Ei...

3. Eins liegt oben auf dem Dach,
eins bei mir im Schreibtischfach!
In der Küche auf dem Schrank!
Osterhase, vielen Dank!

Refrain: Hier ein Ei...

4. Überall sind sie versteckt,
wo hat er sie hingelegt?
In der Scheune unterm Stroh,
hinterm Zaun und sonst noch wo!

Refrain: Hier ein Ei...

In der Ostereierwerkstatt

Der Osterwunschstrauch

Text: Elke Bräunling, Musik: Stephen Janetzko;

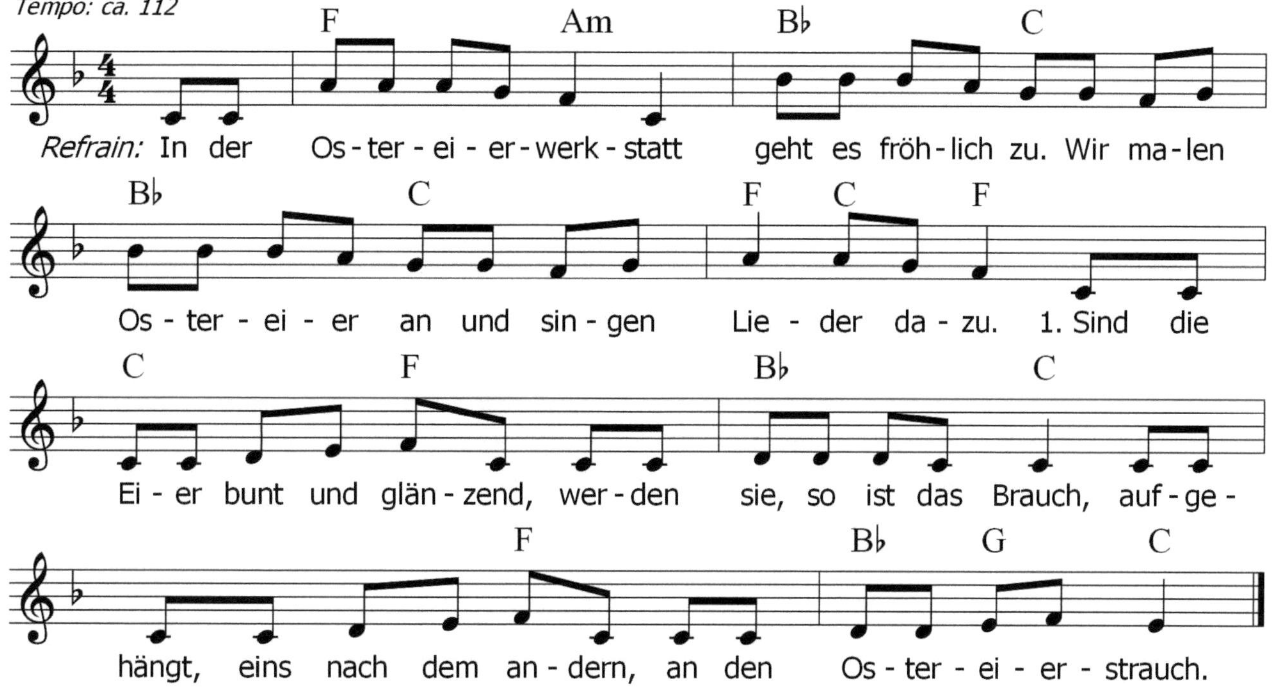

Refrain.

2. Jedes Ei hat sein Geheimnis.
Einen Wunsch, ganz tief und fest,
hält für jeden es verborgen
nicht nur bis zum Osterfest.

Refrain.

3. Seht, wie bunt ist er geworden!
Unser Ostereierstrauch
lacht uns an mit seinen Farben.
Bunt sind unsre Wünsche auch.

Refrain.

4. Einen Wunsch wolln wir Euch sagen:
"Frohe Ostern!" wünschen wir
allen Leuten hier und heute,
allen Menschen – und auch dir!

Refrain.

Viele Eier nur für dich

Ein Lied an jemanden, den man lieb hat

Text: Elke Bräunling, Musik: Stephen Janetzko; CD "Kinderlieder für den Morgenkreis"

Refrain.

3. Auf dem dritten Ei zeig ich dir dann,
wie gerne ich dich mag.
Ein Herz, ich mal es rosa an,
sagt dir dies jeden Tag.

4. Auf dem vierten Ei, da lacht dich an
ein Lachgesicht, so lieb.
Es zeigt, wie ich doch froh sein kann,
dass es dich für mich gibt.

Refrain.

5. Auf dem fünften Ei winkt eine Hand
dir zu ein ‚Danke sehr!',
weil du mir hilfst so allerhand
an jedem Tag und mehr.

6. Noch viele Eier liegen da
im Korb und auf dem Tisch.
Ich male alle, ist ja klar,
als mein Geschenk für dich.

Refrain.

Hinweis: Ein Lied zu Ostern an jemanden, den man lieb hat.
Wenn wir dieses schöne Osterlied mit einer Kindergruppe aufführen wollen, schneiden wir aus großen Pappbögen (DIN A 4 oder größer) riesige Ostereier aus und bemalen die ersten fünf mit den im Lied genannten Motiven.
Die Ostereier werden dann zu den jeweiligen Strophen hochgehalten.

Frühlingslachen - Die Osterzeit im Bauerngarten

(Pips, der kleine Osterhas)

Text: Elke Bräunling, Musik: Stephen Janetzko;

2. Ruth, das kleine Osterhuhn
hat mit Eiern viel zu tun,
freut sich über den Frühlingstag,
den sie so gut leiden mag.
Refrain:
Es will lachen, lachen, lachen,
viele schöne Dinge machen.
Es will picken, fressen, springen
und ein Frühlingsliedchen singen.

3. Ann, das kleine Osterlamm,
steht ruhig an des Baumes Stamm,
freut sich sehr auf der Welt zu sein,
ist so jung und noch so klein.
Refrain:
Es will lachen, lachen, lachen,
viele schöne Dinge machen.
Es will schnuppern, schmusen, springen
und ein Frühlingsliedchen singen.

4. Min, die kleine schwarze Katz
hütet einen teuren Schatz.
Kätzchen brachte sie heut zur Welt
pünktlich wie zum Fest bestellt.
Refrain:
Sie will lachen, lachen, lachen,
viele schöne Dinge machen.
Sie will kuscheln, spielen, springen
und ein Frühlingsliedchen singen.

5. Fritz, der kleine freche Spatz,
nimmt im Pflaumenbaume Platz,
freut sich über den Frühlingsduft,
der so süß liegt in der Luft.
Refrain:
Er will lachen, lachen, lachen,
viele schöne Dinge machen.
Er will zwitschern, ‚tirilingen'
und ein Frühlingsliedchen singen

6. Fridolin, der Schmetterling,
schwebt zu jeder Blüte hin,
freut sich über das Frühlingsbunt
überall auf seiner Rund.
Refrain:
Er will lachen, lachen, lachen,
viele schöne Dinge machen.
Er will schweben, gleiten, schwingen
und ein Frühlingsliedchen singen.

7. Mo, die kleine Osterfrau
passt im Garten auf genau.
Jeder soll diesen Frühlingstag
leben so wie er es mag.
Refrain:
Sie will lachen, lachen, lachen,
viele schöne Dinge machen.
Sie will klatschen, jubeln, klingen
und ein Frühlingsliedchen singen.

Naschen aus dem Osternest

Kanon 4-stimmig

Text: Stephen Janetzko
Musik: Thomas Kornfeld

Wir freun uns auf das Osterfest
und auf die bunten Eier,
das Naschen aus dem Osternest
und auf die bunte Osterfeier.

All die kleinen Häschen (Der Hasentanz)

Text: Constanze Grüger/Stephen Janetzko; Musik: Stephen Janetzko, CD "Der Frühling ist da - 20 schönste Kinderlieder im Frühling" © Edition SEEBÄR-Musik Stephen Janetzko, www.kinderliederhits.de

Refrain: All die kleinen Häschen...

2. Ohren sind jetzt aufgestellt,
Häschen, ihr habt`s drauf!
Dreht sie vor und dann zurück!
Stop! Hört wieder auf!

Refrain: All die kleinen Häschen...

3. Hinterpfoten sind jetzt dran!
Füße stampfen auf!
Fangt ganz laut zu trommeln an!
Stop! Hört wieder auf!

Refrain: All die kleinen Häschen...

4. Alle Häschen sind schön schlapp,
hört nur das Geschnauf!
Kriecht in euren Bau hinein,
denn der Tanz hört auf!

Häschen, Häschen

Text und Musik: Stephen Janetzko; CD "Hallo Frühling, hallo Sommer! 20 Lieder für die helle Jahreshälfte"

2. Häschen, Häschen, hin und her! Es geht wieder los!
Vorderpfoten in die Luft, Stimmung ist famos!
Lauf auf deine Weise immerzu im Kreise,
lauf doch rundherum und fall dabei nicht um.

3. Häschen, Häschen, hüpf, hüpf, hüpf! Es geht wieder los!
Vorderpfoten in die Luft, Stimmung ist famos!
Hüpf auf deine Weise immerzu im Kreise,
hüpf doch rundherum und fall dabei nicht um.

3. Häschen, Häschen, tanz, tanz, tanz! Es geht wieder los!
Vorderpfoten in die Luft, Stimmung ist famos!
Tanz auf deine Weise immerzu im Kreise,
tanz doch rundherum und fall am Ende um.

Der Bauer auf dem Traktor

Text: Michaela Kölln/Stephen Janetzko; Musik: Stephen Janetzko; CD "Stark wie ein Baum"

2. |: Der Bauer auf dem Traktor, der tuckert raus zum Feld: :| Tuk-tuk-tuk-tuk...
|: Er wirft am frühen Morgen den Stallmist auf das Feld. :| Sei dabei...
Er wirft am frühen Morgen den Stallmist auf das Feld.

3. |: Der Bauer auf dem Traktor, der tuckert raus zum Feld: :| Tuk-tuk-tuk-tuk...
|: Er mäht mit guter Laune das Gras ganz kurz und klein:| Sei dabei...
Er mäht mit guter Laune das Gras ganz kurz und klein.

4. |: Der Bauer auf dem Traktor, der tuckert raus zum Feld: :| Tuk-tuk-tuk-tuk...
|: Er presst mit der Maschine das Heu und lädt es auf. :| Sei dabei...
Er presst mit der Maschine das Heu und lädt es auf.

5. |: Der Bauer auf dem Traktor, der tuckert raus zum Feld: :| Tuk-tuk-tuk-tuk...
|: Er erntet bis zum Abend Kartoffeln aus dem Feld. :| Sei dabei...
Er erntet bis zum Abend Kartoffeln aus dem Feld.

6. |: Der Bauer auf dem Traktor, der tuckert raus zum Feld: :| Tuk-tuk-tuk-tuk...
|: Und ist die Arbeit fertig, dann fällt er müd' ins Bett. :|
Gute Nacht, dideldum, dideldei, gute Nacht, dideldum, dideldei.
Und ist die Arbeit fertig, dann fällt er müd' ins Bett.

Spielanregung: Wir stehen oder sitzen im Kreis. Ein Kind spielt den Bauern.
Zur 1. Zeile der Strophe klatschen alle mit, während der Bauer durch den Kreis fährt. Beim "Tuk-tuk..." können dann alle das Traktorfahren mimen (aufrecht sitzend mit einem imaginären Lenkrad in der Hand). Zur 3. Zeile macht der Bauer die jeweiligen Bewegungen: Säen, mit der Stallgabel arbeiten, mit der Sense mähen, Heu imaginär mit den Händen zusammenpressen und auf den Wagen laden, Kartoffeln aus der Erde holen, sich hinlegen. Bei "Sei dabei..." drehen sich alle im Kreis und klatschen dazu (oder nehmen sich an die Hände und tanzen im Kreise).
Zur letzten Zeile machen dann alle die Bewegung noch mal gemeinsam (hier kann dann statt "er..." auch "wir..." gesungen werden).

Bauer Hans

Text und Musik: Stephen Janetzko; CD "Der Frühling ist da - 20 schönste Kinderlieder im Frühling"

Tempo: ca. 148

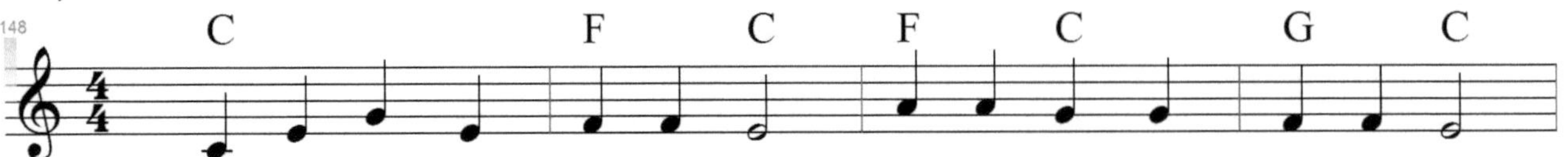

Bauer Hans steht auf dem Feld, hat sein Feld schon bald bestellt.
Heute will er...

1. pflügen:
Pflügen, pflügen, kräftig rackern,
immerzu die Erde ackern.

2. säen:
Säen, säen, weitergehen,
Körner in die Felder säen.

3. pflanzen:
Pflanzen, pflanzen, stecken, legen,
bitte das Gemüse pflegen.

4. mähen:
Mähen, mähen, alles schneide,
nicht nur Heu, auch das Getreide.

5. wenden:
Wenden, wenden, mit den Händen,
immerzu das Heu umwenden.

6. binden:
Binden, binden, Halme finden,
diese dann zu Garben binden.

7. dreschen:
Dreschen, dreschen, Ähren klopfen,
Körner in die Säcke stopfen.

8. ernten:
Ernten, ernten, Äpfel pflücken,
zum Gemüse runterbücken.

9. feiern:
Feiern, feiern, singen, lachen,
und dazu ein Tänzchen machen.

10. schlafen:
Schlafen, schlafen, wie die Grafen,
noch ein Stündchen weiterschlafen.

11. Bauer Hans steht auf dem Feld, hat sein Feld schon bald bestellt.
Das ist seine Arbeit:
Pflügen, pflügen, kräftig rackern, immerzu die Erde ackern.
Säen, säen, weitergehen, Körner in die Felder säen.
Pflanzen, pflanzen, stecken, legen, bitte das Gemüse pflegen.
Mähen, mähen, alles schneide, nicht nur Heu, auch das Getreide.
Wenden, wenden, mit den Händen, immerzu das Heu umwenden.
Binden, binden, Halme finden, diese dann zu Garben binden.
Dreschen, dreschen, Ähren klopfen, Körner in die Säcke stopfen.
Ernten, ernten, Äpfel pflücken, zum Gemüse runterbücken.
Feiern, feiern, singen, lachen, und dazu ein Tänzchen machen.
Schlafen, schlafen, wie die Grafen, noch ein Stündchen weiterschlafen.

12. Bäuerin Rita ruft zu Tisch, heute gibt es alles frisch,
was der Hans mir bringet:
Brot, Gemüse, Obst, Salate stehn auf unsrer Speisekarte.
Hmm.

Spielanregung:
Bauer Hans ist noch ein Bauer "vom alten Schlag" und arbeitet noch mit seiner Hände Kraft statt mit moderner Maschinerie. Wir stehen im Kreis und spielen das Lied gemeinsam mit, zu jeder Arbeit ergibt sich eine Bewegung aus dem Liedtext. Wo mehrere Abläufe genannt sind, der Einfachheit halber nur eine Bewegung ausführen: z.B. eine Schlagbewegung beim Ausdreschen der Ähren; beim Feiern bei den Nachbarn unterhaken und im Kreis tanzen usw.
Alle Tätigkeiten werden in der 11. extra-langen Strophe wiederholt. Alle sind also aufgefordert, sich den Text und die Bewegungen gut einzuprägen.
Zur wieder kurzen Schluss-Strophe, in der dann auch die Bäuerin auftaucht, reiben wir zum Essen unsere Bäuche und stossen ganz am Ende ein genüssliches "hmm" aus.

April, April (der weiß nicht, was er will)

Text: Stephen Janetzko (mit volkstümlichen Anteilen); Musik: Stephen Janetzko; CD "Stark wie ein Baum" © Edition SEEBÄR-Musik Stephen Janetzko, www.kinderliederhits.de

1. April, April, der weiß nicht, was er will.
Bald schaut der Himmel trübe drein,
bald Regen und bald Sonnenschein.
April, April, der weiß nicht, was er will.

2. April, April, der weiß nicht, was er will.
Am Monatsersten mancher Scherz
und gar die Lüge freut das Herz.
April, April, der weiß nicht, was er will.

Spielanregung:
Ein kleines aber feines April-Lied. Zur ersten und letzten Zeile klatschen wir mit (wir können uns auch dazu im Kreis drehen). Mittelteil: Zu "Bald schaut..." blicken wir in den Himmel (flache Hand waagerecht vor die Stirn führen und nach oben schauen). Dann lassen wir mit unseren Fingern imaginären Regen herunterrieseln und malen eine Sonne.
Zum Schluss wieder klatschen.
In der 2. Strophe im Mittelteil schelmisch grinsen und dann Hände aufs Herz legen.

Hinweis: O.g. CD enthält nur die 1. Strophe.

Regentropfen fall'n herab

Text und Musik: Lucia Ruf und Stephen Janetzko

Tempo: ca. 144

C G C G C G

(1) Re - gen - trop - fen fall'n he - rab und (2) ma - chen un - s're

C G C G C G

Er - de nass. (3) Hör nur, wie sie klin - gen: Pitsch, patsch, pitsch, patsch.

(1) Regentropfen fall'n herab und
(2) machen uns're Erde nass.
(3) Hör nur, wie sie klingen: Pitsch, patsch, pitsch, patsch.

Hinweis:
Als dreistimmiger, idealerweise auslaufender Kanon möglich
und/oder durch einfache Gesten begleitbar.

Schein, Sonne, scheine

deutscher Text: Stephen Janetzko (englischer Originaltext: Gerhard Bellosa);
Musik: Gerhard Bellosa, bearbeitet von Stephen Janetzko; CD "Stark wie ein Baum"

2. Schweb, Wölkchen, schweb nur...
3. Blas, Windchen, blas nur...
4. Tropf, Regen, tropf nur...
5. Schnei, Flöckchen, schnei nur...

Spielanregung von Stephen Janetzko:
Zu 1: Mit weit ausgestreckten Händen/Armen eine große Sonne formen
Zu 2: Mit Händen/Armen durch die Luft schweben
Zu 3: Pusten!
Zu 4: Mit den Fingern/Händen Regentropfen imitieren (recht schnell)
Zu 5: Mit den Fingern/Händen Schneeflocken imitieren (eher langsam/schwebend)

Das Wetter-Anzieh-Lied (Unser Wetterlied)

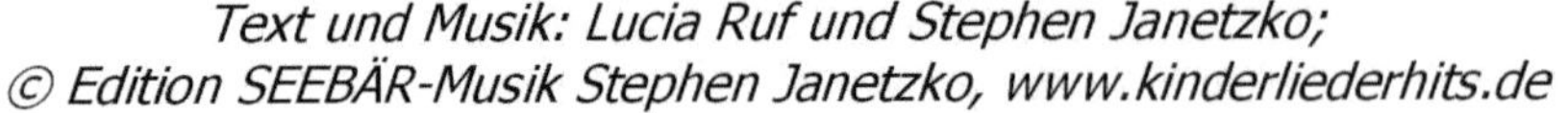

1. Wir schauen jetzt zum Fenster raus.
Na, wie sieht das Wetter aus?
Was müssen wir jetzt anziehn,
bevor wir draußen spielen gehen?
Hei, hei, hei, die Matschhose ist dabei.
Hei, hei, hei, die Matschhose ist dabei.
Ob Regen oder Sonnenschein,
wir gehen gerne raus.
Wir wollen immer draußen sein
und toben uns richtig aus.

Hinweis:
Für jede Jahreszeit einsetzbar, einfach immer mit passenden Kleidungsstücken singen!

Z.B. weitere Strophen Frühling/Herbst:
1. Die Matschhose ...
2. Die Gummistiefel ...
3. Die Jacke ...
4. Die Mütze ...
5. Das Halstuch ...

Z.B. weitere Strophen Sommer:
1. Die Cappie ...
2. Die Sandalen ...
3. Der Sonnenhut ...
4. Die Sonnenbrille ...
5. Die Sonnencreme ...

Z.B. weitere Strophen Winter:
1. Die Stiefel ...
2. Der Schneeanzug ...
3. Der Schal ...
4. Die Handschuhe ...
5. Die Mütze ...

Kleiner Sonnenstrahl

Text: Lucia Ruf und Stephen Janetzko; Musik: Stephen Janetzko;

Tempo: ca. 138

2. Erst war er zu klein.
Armer Sonnenschein!
Er wächst jeden Tag,
weil ich ihn so mag.

Refrain: Sonnen-, Sonnen-, Sonnenstrahl...

3. Schau, wie er sich reckt,
schau, wie er sich streckt!
Ob er es wohl schafft?
Ja! Die Sonne lacht!

Refrain: Sonnen-, Sonnen-, Sonnenstrahl...

4. Kleiner Sonnenstrahl,
du hast jetzt die Wahl:
Bitte schein für mich,
denn wir lieben dich!

Refrain: Sonnen-, Sonnen-, Sonnenstrahl...

Hey, die Sonne lacht mir zu

Text: Stephen Janetzko, Musik: Kati Breuer; CD "Hallo Frühling, hallo Sommer! 20 Lieder für die helle Jahreshälfte" © Edition SEEBÄR-Musik Stephen Janetzko, www.kinderliederhits.de

1. Hey, die Sonne lacht mir zu:
"Hallo du, du, du!"
und ich lach zu ihr zurück,
so ein Glück, Glück, Glück.

2. Und dann sage ich zu ihr:
"Bleib doch hier, hier, hier."
Und die Sonne lacht: "Na klar,
ich bleib da, da, da."

3. Und so liegen wir im Gras,
das so grün, grün, grün.
haben auf der Erde Spaß,
Wolken ziehn, ziehn, ziehn.

Fahrradfahren

Text und Musik: Stephen Janetzko; CD "Hallo Frühling, hallo Sommer! 20 Lieder für die helle Jahreshälfte"

2. Ich fahr auf flacher Strecke,
ich fahr auf jeden Berg.
Und komm ich außer Puste,
dann schleich ich wie ein Zwerg.
Doch geht es wieder runter,
dann flitz ich wie der Wind.
Ich lache dir entgegen:
Ich bin das schnellste,
bin das schnellste Kind!

Refrain (lang).

3. Ich fahr auch gerne Kurven,
nö, ich kipp gar nicht um.
Ich radle rechts im Kreise
und auch mal links herum.
Ich fahre, bis es spät wird,
und kommt die Dunkelheit,
schnell Licht an und nach Hause -
jetzt wird es aber,
wird es aber Zeit!

Refrain (lang + Schluss).

Spielhinweis:
Bitte mitradeln - am besten auf Matten oder anderen weichen Unterlagen auf dem Rücken liegend.
Mit Händen und Beinen folgen die Bewegungen dem Text.

Stark wie ein Baum

Text und Musik: Stephen Janetzko; CD "Der Frühling ist da - 20 schönste Kinderlieder im Frühling" © Edition SEEBÄR-Musik Stephen Janetzko, www.kinderliederhits.de

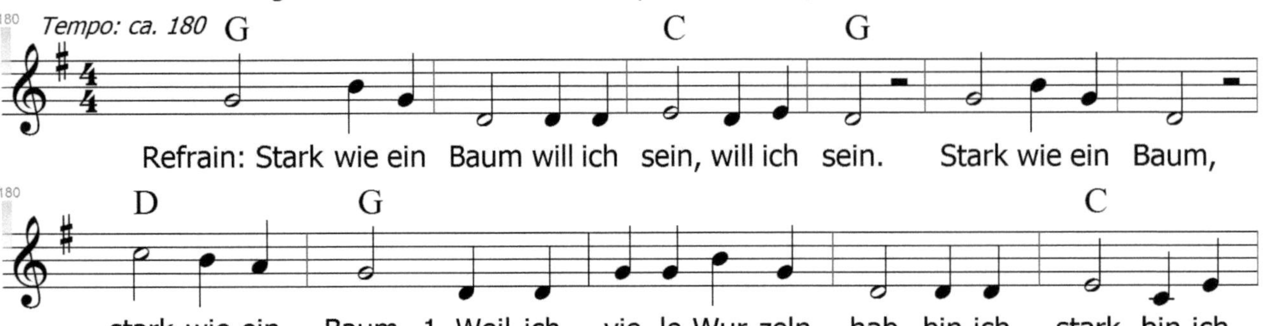

(Füße anheben und zeigen
oder mit Händen berühren)

Refrain: Stark wie ein Baum...

2. Hab ich einen dicken Stamm,
bin ich stark, bin ich stark...
(Beine mit Händen berühren
oder abklatschen)

Refrain: Stark wie ein Baum...

3. Weil ich viele Ringe hab,
bin ich stark, bin ich stark...
(Bauch kreisen lassen)

Refrain: Stark wie ein Baum...

4. Weil ich viele Äste hab,
bin ich stark, bin ich stark...
(Arme seitlich anheben und zeigen)

Refrain: Stark wie ein Baum...

5. Weil ich viele Zweige hab,
bin ich stark, bin ich stark...
(Finger anheben und zeigen)

Refrain: Stark wie ein Baum...

6. Weil ich viele Blätter hab,
bin ich stark, bin ich stark...
(Finger einzeln bewegen, als
würde ein Blatt daran hängen)

Refrain: Stark wie ein Baum...

7. Weil ich eine Krone hab,
bin ich stark, bin ich stark...
(Kopf hin und her bewegen)

Refrain: Stark wie ein Baum...

Schöne Abschluss-Strophe:

8. Wenn mich jemand richtig mag,
bin ich stark, bin ich stark...
(uns selbst umarmen)

Refrain: Stark wie ein Baum...

Weiter möglich:

9. Weil ich viele Früchte trag,
bin ich stark, bin ich stark...
(mit beiden Händen runde Früchte
formen)

Variante 4 Jahreszeiten-Strophen:

10. Treibt der Frühling Knospen zart,
bin ich stark, bin ich stark...
(Hand schließen und öffnen)

11. Weil ich Sommersonne mag,
bin ich stark, bin ich stark...
(wohlig zur Sonne schauen)

12. Bläst im Herbst der Wind so arg,
bin ich stark, bin ich stark...
(pusten)

13. Ist der Winter kalt und hart,
bin ich stark, bin ich stark...
(frieren imitieren)

Variante "Baum-Alltag"-Strophen:

14. Tank ich Sonne jeden Tag,
bin ich stark, bin ich stark...
(wohlig zur Sonne schauen)

15. Trink ich Wasser jeden Tag,
bin ich stark, bin ich stark...
(trinken)

16. Bläst der Wind, wie ich es mag,
bin ich stark, bin ich stark...
(pusten)

17. Kommt ein Vogel jeden Tag,
bin ich stark, bin ich stark...
(fliegen)

Spielanregung:
"Stark wie ein Baum" ist ein Spiel- und Lernlied zum aktiven Mitmachen. Die verschiedenen Baumteile imitieren wir mit den entsprechenden Körperteilen wie angegeben.
Die Hauptbewegungen sind:
-> Stark wie ein Baum will ich sein: Beide Arme hoch in den Himmel heben und wie im Wind leicht hin und her schwanken (ganzen Refrain).
-> bin ich stark, bin ich stark: Mit der linken oder rechten Faust 4x (halbtaktig) auf das Herz schlagen.
Je nach Einsatz können auch die anderen Textvarianten zum Einsatz kommen oder die Strophen individuell zusammengestellt werden.

Die Weidenkätzchen

Text: Christian Morgenstern; Musik: Stephen Janetzko; CD "Der Frühling ist da - 20 schönste Kinderlieder im Frühling"

Tempo: ca. 120

2. Wollen's gern dir sagen:
Wir sind ausgeschlagen
aus dem Weidenbaum,
haben winterüber
drin geschlafen, Lieber,
in tieftiefem Traum.

3. In dem dürren Baume
in tieftiefem Traume
habt geschlafen ihr?
In dem Holz, dem harten
war, ihr weichen, zarten,
euer Nachtquartier?

4. Musst dich recht besinnen:
Was da träumte drinnen,
waren wir noch nicht,
wie wir jetzt im Kleide
blühn von Samt und Seide
hell im Sonnenlicht.

5. Nur als wie Gedanken
lagen wir im schlanken
grauen Baumgeäst;
unsichtbare Geister,
die der Weltbaumeister
dort verweilen lässt.

6. Kätzchen ihr der Weide,
wie aus grauer Seide,
wie aus grauem Samt!
O ihr Silberkätzchen,
ja, nun weiß, ihr Schätzchen,
ich, woher ihr stammt.

Wenn ich ein kleines Vöglein wär

Text: Paula Oehm; Musik: Stephen Janetzko; CD "Stark wie ein Baum"

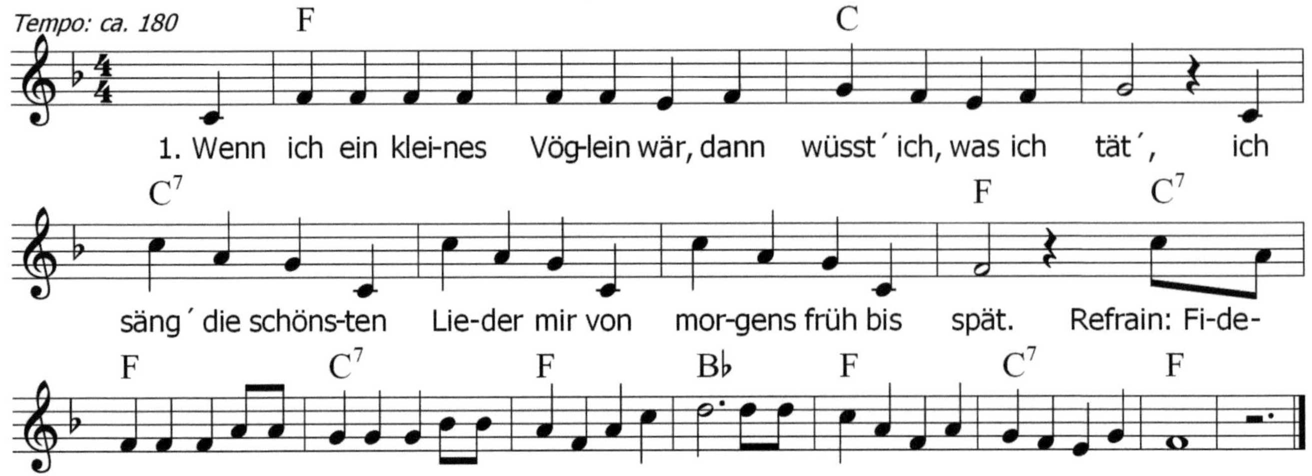

2. Wenn ich ein kleines Vöglein wär, dann könnte ich ja fliegen,
da würd´ ich auf dem höchsten Baum mich in den Zweigen wiegen.
Fideralala, fideralala, fideralalalala - fideralalalalalalalala.

3. Wenn ich ein kleines Vöglein wär, dann flög´ ich um die Welt.
Ich flöge über`s weite Meer dorthin, wo mir`s gefällt.
Fideralala, fideralala, fideralalalala - fideralalalalalalalala.

4. Doch da ich ja kein Vöglein bin und nur ein Menschenkind,
da bleib´ ich auf der Erde, wo die andern Menschen sind.
Fideralala, fideralala, fideralalalala - fideralalalalalalalala.

Grashalm, Grashalm (Auf der Wiese)

Text und Musik: Lucia Ruf, Larissa Schories, Stephen Janetzko

Refrain:
Grashalm, Grashalm, streck dich hoch!
Grashalm, Grashalm, du bist groß!
Alle Blüten wollen blüh'n,
auf der Wiese ist es schön!

1. Der Grashüpfer springt drauf los.
Die Freude ist riesengroß!
Die Biene summt so vor sich hin
und grüßt im Flug den Schmetterling.

Refrain: Grashalm, Grashalm...

2. Die Schnecke, sie schaut heraus,
heraus aus dem Schneckenhaus,
Sie macht sich langsam auf den Weg,
sie will zu ihrem Lieblingsfleck.

Refrain: Grashalm, Grashalm...

3. Der Vogel da auf dem Baum
fängt an, sich mal umzuschau'n.
Er sucht nach einem Regenwurm,
doch der gräbt grad die Erde um.

Refrain: Grashalm, Grashalm...

4. Der Käfer kommt auch vorbei
und ruft in die Runde: „Hi!"
Er krabbelt auf den schönsten Stein
genießt wie wir den Sonnenschein.

Refrain: Grashalm, Grashalm...

Eine kleine Blüte

Text und Musik: Lucia Ruf mit Stephen Janetzko;

Refrain: Eine kleine Blüte ...

2. Bienen fliegen durch die Frühlingsluft,
denn überall ist Blütenduft.
Ach, so schnell ist es geschehen!
Ich kann die Blüte sehen!

Refrain: Eine kleine Blüte ...

Hinweis: z.B. auch mit Farben (Tücher, Kleidung) aufführbar ...
Eine „rote" Blüte ...
Eine „blaue" Blüte ...
Eine „bunte" Blüte usw. ...

Löwenzahn (Toll! Toll! Toll!)

Text: Brigitte Rondholz; Musik: Stephen Janetzko; CD "Der Frühling ist da - 20 schönste Kinderlieder im Frühling" © Edition SEEBÄR-Musik Stephen Janetzko, www.kinderliederhits.de

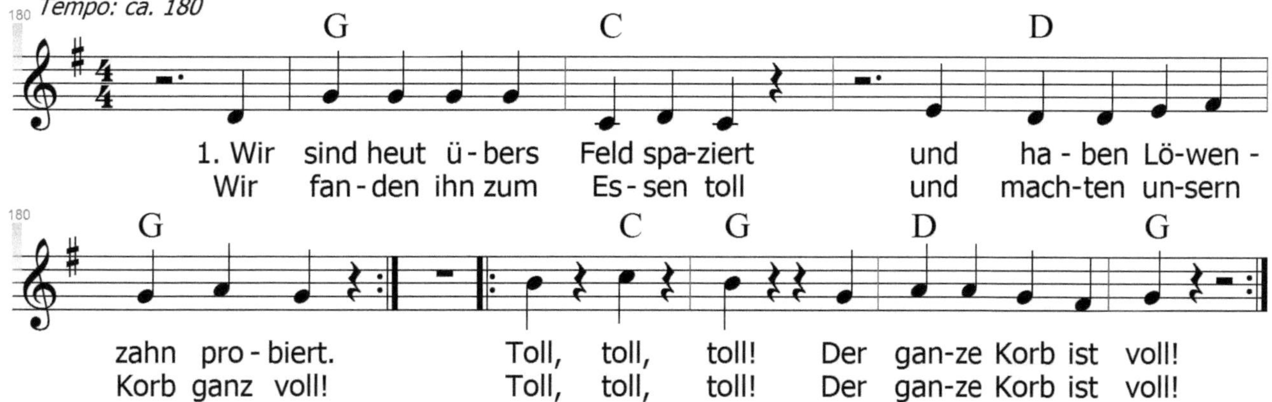

2. Wir finden ihn so wunderschön, so goldig leuchtend anzusehn.
Im Frühjahr blüht er sonnig gelb in Gärten, Wiesen, auf dem Feld.
Gelb, gelb, gelb! Er leuchtet auf dem Feld!
Gelb, gelb, gelb! Er leuchtet auf dem Feld!

3. Er wiegt sich wohlig sanft im Wind und duckt bei Regen sich geschwind.
Er strahlt im hellen Sonnenschein und zieht des Nachts die Blüte ein.
Schein, Schein, Schein! Er zieht die Blüte ein.
Schein, Schein, Schein! Er zieht die Blüte ein.

4. Die Mädchen finden's wunderbar, sie stecken Blüten sich ins Haar.
Und mit dem gelben Blütenkranz da machen sie den Löwentanz.
Kranz, Kranz, Kranz! Sie machen einen Tanz!
Kranz, Kranz, Kranz! Sie machen einen Tanz!

5. Die Jungen kommen rasch herbei, bei diesem Tanz sind sie dabei!
Sie sind ganz höflich und sehr nett auf weichem Löwenzahnparkett!
Nett! Nett! Nett! Auf Löwenzahnparkett.
Nett! Nett! Nett! Auf Löwenzahnparkett.

6. Auch Bienen lieben Löwenzahn, und fröhlich fliegen sie heran.
Ich freu mich im Vorübergehn und laß ganz viele für sie stehn!
Gehn, gehn, gehn, ich lass ganz viele stehn!
Gehn, gehn, gehn, ich lass ganz viele stehn

7. Und ist die Blütezeit vorbei, dem Löwenzahn ist's einerlei.
Er zieht sich um zur Sommerzeit und trägt sein Pusteblumenkleid.
Zeit, Zeit, Zeit, sein Pusteblumenkleid.
Zeit, Zeit, Zeit, sein Pusteblumenkleid.

Löwenzahn-Liedchen

Text: Kati Breuer; Musik: Stephen Janetzko; CD "Hallo Frühling, hallo Sommer! 20 Lieder für die helle Jahreshälfte" © Edition SEEBÄR-Musik Stephen Janetzko, www.kinderliederhits.de

2. Im Frühling ist er saftig grün, bald schon wird er gelb erblüh'n.
Sieh an, sieh an, sieh an, so blüht der Löwenzahn!
Sieh an, sieh an, sieh an, so blüht der Löwenzahn!

3. Am Abend geht er stets zur Ruh, macht dafür die Blüte zu.
Sieh an, sieh an, sieh an, so schläft der Löwenzahn!
Sieh an, sieh an, sieh an, so schläft der Löwenzahn!

4. Und nach der langen Blütezeit trägt er bald ein weißes Kleid.
Sieh an, sieh an, sieh an, weiß ist der Löwenzahn!
Sieh an, sieh an, sieh an, weiß ist der Löwenzahn!

5. Ganz sachte pustet ihn der Wind - manchmal macht das auch ein Kind.
Sieh an, sieh an, sieh an, da fliegt der Löwenzahn!
Sieh an, sieh an, sieh an, da fliegt der Löwenzahn!

6. Und alle Schirmchen fliegen fort, suchen einen andren Ort.
Sieh an, sieh an, sieh an, da fliegt der Löwenzahn!
Sieh an, sieh an, sieh an, da fliegt der Löwenzahn!

7. An Straße oder Autobahn wächst dann neuer Löwenzahn.
Sieh an, sieh an, sieh an, dort wächst der Löwenzahn!
Sieh an, sieh an, sieh an, dort wächst der Löwenzahn!

Löwenzahnwiese

Text: Elke Bräunling; Musik: Stephen Janetzko

Tempo: ca. 108

1. Gelbe Sonnen. Blütenwonnen
ringsum auf den Wiesen.
Helles Strahlen. Frühlingsmalen.
Was für ein Genießen!

2. Blüten. Viele Lichterspiele.
Sieh der Sonne Strahlen,
wie sie helle Funkenbälle
auf die Wiese malen!

Refrain: Löwen-, Löwen-, Löwenzahn. Frühlingsgelbe Wiesen.
Lass sie uns genießen.
Löwen-, Löwen-, Löwenzahn. Frühlingshelle Lieder,
Komm mach mit und sing sie immer, immer wieder.
Komm mach mit und sing sie immer, immer wieder.

3. Bist du traurig oder einsam,
gehe sie besuchen
in den Gärten, auf den Wiesen.
Dort kannst du sie suchen.

4. Sieh die Farben! Hör die Lieder,
die im Wind sie singen.
Blümchen trösten. Hör die Worte,
die im Winde klingen.

Refrain: Löwen-, Löwen-, Löwenzahn ...

5. Schließ die Augen! Träum den Frühling
dir an dunklen Tagen.
Lausche, was die Blütensonnen
dir zum Troste sagen.
Refrain: Löwen-, Löwen-, Löwenzahn ...

Natur pur (Warum sind wir so dumm?)

Text: Mathias R. Schmidt; Musik: Stephen Janetzko; CD "Stark wie ein Baum"

2. Lasst doch die Vögel singen und die Forellen springen,
lasst bloß den Wald in Ruh und baut nicht alles zu.
Lasst ein Stück von der Natur zur Abwechslung auch einmal pur!

Refrain: Warum, warum sind wir so dumm?!
Wir sägen kräftig und mit Hast an unserm eignen Lebensast.
Warum, warum sind wir so dumm?
Dabei sind wir ein Steinchen nur im großen Puzzle der Natur.

3. Drum träumt jetzt neue Träume, pflanzt Blumen, Büsche, Bäume,
und lasst die Tümpel stehn, dann könnt ihr Frösche sehn.
Lasst ein Stück von der Natur zur Abwechslung auch einmal pur!

Refrain: Warum, warum sind wir so dumm?!
Wir sägen kräftig und mit Hast an unserm eignen Lebensast.
Warum, warum sind wir so dumm?
Dabei sind wir ein Steinchen nur im großen Puzzle der Natur.

Der Klapperstorch ist da

Text: Andrea Thiel; Musik: Stephen Janetzko;

Refrain: Der Klapperstorch ist da…

2. Die Nacht war lang, die Reise weit, doch langsam wird es hell.
Er legt den Kopf ganz weit zurück und klappert laut und schnell,
als rufe er nach seiner Frau, die ihm sehr gut gefällt.
Da kommt sie schon - ich sehe sie - von weitem übers Feld.

Refrain: Der Klapperstorch ist da…

3. Und zur Begrüßung klappern sie und tanzen auf dem Nest
hoch oben auf der Kirchturmspitze feiern sie ihr Fest.
Den ganzen Sommer bleiben sie und ziehen groß die Kinder.
Und wenn sie wieder südwärts fliegen, kommt zu uns der Winter.

Refrain: Der Klapperstorch ist da…

Heut gehn wir raus (Das Becherlupen-Lied)

Text: Heidemarie Brosche; Musik: Stephen Janetzko; CD "Der Frühling ist da - 20 schönste Kinderlieder im Frühling" © Edition SEEBÄR-Musik Stephen Janetzko, www.kinderliederhits.de

(Kinder schultern Rucksack/marschieren)

2. Schau mal, dieser Regenwurm gräbt bei Wärme und bei Sturm. Nur bei Regen kommt er raus, Wasser läuft ja in sein Haus.
Wenn es heiß und trocken ist, wird er von uns sehr vermisst. Dann hält er den Sommerschlaf in der kühlen Erde brav.
Nein, er ist kein Stubenhocker, macht ja meist die Erde locker. Schau mal, dieser Regenwurm! La-la la-la la la la.
(Kinder stellen sich schlafend/graben)

3. Der Marienkäfer dort fliegt rot-schwarz von Ort zu Ort. Sieht er auch sehr niedlich aus, frisst er doch gern eine Laus.
Mit sechs Krallenbeinen dran, kommt er äußerst flott voran. Scheint er von Gefahr bedroht, tut er so, als wär er tot.
Bleibt nicht lange scheintot liegen, will ja wieder weiterfliegen. Der Marienkäfer dort! La-la la-la la la la.
(Kinder fliegen/stellen sich scheintot)

4. Zähl vom Tausendfüßler da mal die Beine, dann wird klar: Sind nur ein paar hundert Stück. Dennoch fehlt ihm nichts zum Glück.
Droht ein Feind, rollt er sich ein oder krabbelt untern Stein. Manchmal spritzt er auch mit Gift, hofft, dass er den Gegner trifft.
Hält die Fühler immer sauber und beherrscht den Humus-Zauber. Dieser Tausendfüßler da! La-la la-la la la la.
(Kinder rollen sich ein)

5. Guck mal, diese Raupe hier ist ein ganz verfressnes Tier, schmatzt und mampft den ganzen Tag, weil sie Blätter ganz arg mag.
Bald schon wird's ein andres Ding, fliegt dann als ein Schmetterling. Schlüpft aus einer Puppe raus. Dann ist's mit der Raupe aus.
Darf auf keinen Fall vergessen, sich jetzt tüchtig satt zu fressen. Guck mal, diese Raupe hier! La-la la-la la la la.
(Kinder "fressen"/fliegen)

6. Diese Schnecke mit dem Haus steckt ihr Köpfchen mutig raus. Plötzlich aber ist es weg. Hat die Schnecke sich erschreckt?
Beine sieht man nicht am Tier, einen Kriechfuß hat's dafür. Was die Schnecke ganz arg mag: Wenn es feucht ist Nacht und Tag.
Grünzeug sollt's auch immer geben. Vorsicht, bleib am Schleim nicht kleben! Diese Schnecke mit dem Haus! La-la la-la la la la.
(Kinder kriechen/tun so, als trügen sie ihr Haus)

7. Schau dir diese Spinne an, was die alles weben kann! Ja, ein solches Netzgeflecht ist zum Beutemachen recht.
Männchen lockt mit Silbergarn, Weibchen legt die Eier dann. Gerne bleibt sie auch allein, denn sie will in Ruhe sein.
Kriegt sie lange nichts zu beißen, wartet sie ganz ruhig auf Speisen. Schau dir diese Spinne an! La-la la-la la la la.
(Kinder weben)

8. Diese Kellerassel hier ist ein echtes Krebsgetier - Kiemen hat sie wie ein Fisch. Faules gibt's bei ihr zu Tisch.
Dunkel-feucht liebt sie es sehr, trocken mag sie's nimmermehr. Schau, im kleinen Beutel dort trägt sie ihre Kinder fort,
bis die Kleinen selber laufen und durch ihre Kiemen schnaufen. Diese Kellerassel hier! La-la la-la la la la.
(Kinder "tragen" Asselkinder im Beutel)

Erst kommt der Sonnenkäferpapa (Der Sonnenkäferreigen)

Text Refrain,1.+2. Strophe: trad./ Text 3.+4. Strophe: Stephen Janetzko;
Musik: Stephen Janetzko; CD "Der Frühling ist da - 20 schönste Kinderlieder im Frühling"

Refrain: Erst kommt der Sonnenkäferpapa...

2. So machen sie den Sonntagsgang
auf unsrer Gartenbank entlang.

Refrain: Erst kommt der Sonnenkäferpapa...

3. Sie fliegen hin, sie fliegen her,
denn das macht Spaß und ist nicht schwer!

Refrain: Erst kommt der Sonnenkäferpapa...

4. Am Abend gehn sie in ihr Bett,
sie schlafen süß und träumen nett.

Refrain: Erst kommt der Sonnenkäferpapa...

Spielanregung von Stephen Janetzko:
Zeige- und dem Mittelfinger der rechten Hand stellen den Sonnenkäferpapa dar, dieselben Finger der linken Hand die Mama. Sie krabbeln z.B. an den Armen, den Beinen und/ oder am Bauch des Kindes hinauf (oder auf dem Tisch).
Die Sonnenkäferkinder sind alle 10 Finger, die am Kind oder auf dem Tisch herumkrabbeln. Zusätzlich
Strophe 1: mit den Fingern einzeln tippen
Strophe 2: gemütlich krabbeln (alle Finger)
Strophe 3: alle Finger fliegen zappelnd durch die Luft
Strophe 4: die linke Hand liegt leicht zur einen Seite geöffnet als Schlafhöhle, die Finger der rechten Hand trippeln langsam hinein und legen sich hin.

Ein klitzekleines Käferlein

Text: Kati Breuer; Musik: Stephen Janetzko; CD "Hallo Frühling, hallo Sommer! 20 Lieder für die helle Jahreshälfte" © Edition SEEBÄR-Musik Stephen Janetzko, www.kinderliederhits.de

2. Das klitzekleine Käferlein, das strengt sich richtig an,
bewegt die zarten Flügel jetzt so schnell wie es nur kann.
Da hebt es ab und fliegt ein Stück und lacht dabei ganz froh.
Doch plötzlich fällt das Käferlein auf seinen Käferpo.
Klitzekleines Käferlein, du musst noch etwas üben.
Klitzekleines Käferlein, bald kannst du richtig fliegen.

3. Das klitzekleine Käferlein, das rappelt sich nun auf,
dann kriecht es einen Grashalm hoch, bis ganz nach oben rauf.
Holt richtig Schwung und eins, zwei, drei ,da fliegt es einfach los!
Es summt und brummt und freut sich sehr und fühlt sich jetzt ganz groß.
Klitzekleines Käferlein, nun musst du nicht mehr üben.
Klitzekleines Käferlein, nun kannst du richtig fliegen.

Kleiner Käfer

Text: Kati Breuer; Musik: Stephen Janetzko

1. Schau, wer sitzt dort auf dem Hügel?
Schwarze Punkte, rote Flügel,
ist sehr hübsch und ziemlich klein:
Das kann nur ein Käfer sein.
La lala lala lala.

2. Kleiner Käfer, lass mal zählen,
ob dir keine Punkte fehlen:
Eins und zwei und drei und vier.
Alle Punkte sind noch hier!
La lala lala lala.

3. Kleiner Käfer krabbelt munter,
mal kopfüber, mal kopfunter,
breitet dann die Flügel aus
und fliegt in die Welt hinaus.
La lala lala lala.

Die Raupe

Kanon 2-st.

Text: Stephen Janetzko
Musik: Thomas Kornfeld

Die Raupe kriecht aus dem Kokon
und fliegt als Schmetterling davon.

Das Lied von der Raupe Nimmersatt

Text und Musik: Stephen Janetzko (inspiriert von Eric Carle - "Die kleine Raupe Nimmersatt")

Refrain:
Kleine Raupe Nimmersatt
frisst sich durch ein grünes Blatt,
ist geschlüpft aus einem Ei.
Raupe, komm herbei!

1. Doch am Montag, Montag, Montag,
weil sie großen Hunger hat,
frisst sie sich durch einen Apfel
und ist immer noch nicht satt und ist immer noch nicht satt.

2. Doch am Dienstag ...
frisst sie sich dann durch zwei Birnen ...

3. Doch am Mittwoch ...
frisst sie sich dann durch drei Pflaumen ...

4. Doch am Donnerstag ...
frisst sie sich dann durch vier Erdbeer'n ...

5. Doch am Freitag ...
frisst sie sich durch fünf Orangen ...

6. Doch am Samstag ...
frisst sie sich durch Schokoladenkuchen, Eiswaffel, saure Gurke,
Scheibe Käse, ein Stück Wurst, einen Lolli, Früchtebrot,
Würstchen, Törtchen, Melone
und am Abend ist ihr schlecht und am Abend ist ihr schlecht.

7. Doch am Sonntag, Sonntag, Sonntag
ist ihr gar nicht gut zumut,
frisst sich durch ein grünes Blättchen.
Endlich geht's ihr wieder gut, endlich geht's ihr wieder gut!

8. Und zwei Wochen, Wochen, Wochen
bleibt sie dann in dem Kokon.
Endlich frisst sie sich nach draußen,
fliegt als Schmetterling davon, fliegt als Schmetterling davon.

Schmetterlinge

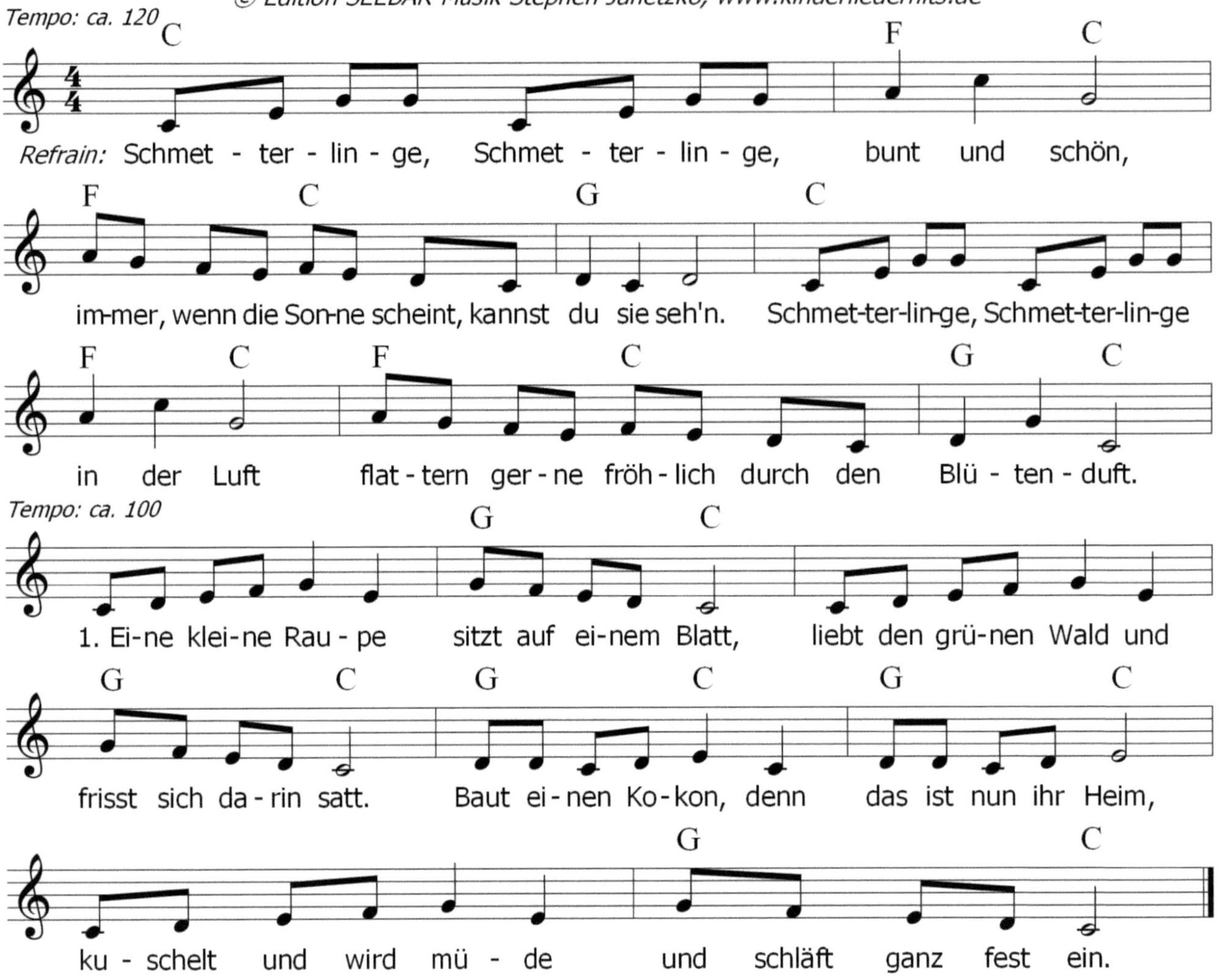

Tempo: ca. 120

C F C
Refrain: Schmet - ter - lin - ge, Schmet - ter - lin - ge, bunt und schön,

F C G C
im-mer, wenn die Son-ne scheint, kannst du sie seh'n. Schmet-ter-lin-ge, Schmet-ter-lin-ge

F C F C G C
in der Luft flat - tern ger - ne fröh - lich durch den Blü - ten - duft.

Tempo: ca. 100

G C
1. Ei-ne klei-ne Rau - pe sitzt auf ei-nem Blatt, liebt den grü-nen Wald und

G C G C G C
frisst sich da - rin satt. Baut ei - nen Ko - kon, denn das ist nun ihr Heim,

G C
ku - schelt und wird mü - de und schläft ganz fest ein.

Refrain: Schmetterlinge, Schmetterlinge...

2. Eines Tages schaut sie aus dem Häuschen raus,
streckt dann ihre wunderschönen Flügel aus.
Was ist da geschehen? Das ist ja ein Ding!
Ja, aus unsrer Raupe wird ein Schmetterling.
Refrain: Schmetterlinge, Schmetterlinge...

3. Es gibt sie in rot, blau, lila, grün und gelb,
Schmetterlinge fliegen in die weite Welt,
suchen sich die allerschönsten Blüten aus,
trinken süßen Nektar - und dann ab nach Haus.
Refrain: Schmetterlinge, Schmetterlinge...

Spielhinweis: Der Handrücken eines Kindes ist ein Blatt.
Du krabbelst mit dem Zeigefinger (als Raupe) darüber und
zwickst vorsichtig hinein (frisst sich satt).
Nun umschließt du mit der Hand den Finger. Das ist der Kokon.
In der zweiten Strophe lugt dein Finger aus dem Händchen-Kokon.
Anschließend legt jeder die offenen Hände so aneinander,
dass sie einen Schmetterling bilden, und alle schwingen die Flügel.
Beim Refrain dürfen alle Kinder im Raum umherlaufen und
sich wie kleine Schmetterlinge bewegen.
Die Strophe singen wir zum leichteren Mitspielen etwas langsamer,
den Refrain gerne schmissig und mit viel Schwung.

Ich breite meine Flügel aus (Schmetterlingstanz)

Text: Rolf Krenzer; Musik: Stephen Janetzko; CD "Der Frühling ist da - 20 schönste Kinderlieder im Frühling" © Edition SEEBÄR-Musik Stephen Janetzko; www.kinderliederhits.de

2. Ich flieg nicht gern alleine
in dieser schönen Zeit.
Flieg mit mir, bunter Schmetterling! Viel schöner ist's zu zweit!
Flieg mit mir, bunter Schmetterling! Viel schöner ist's zu zweit!

3. Wir schaukeln über Blüten
und wiegen uns im Wind.
Es spürt doch jeder Schmetterling, wie schön die Tage sind.
Es spürt doch jeder Schmetterling, wie schön die Tage sind.

4. Sind Schmetterlinge müde,
dann ruhen sie sich aus.
Doch bald fliegt jeder Schmetterling schon wieder weit hinaus,
ja, bald fliegt jeder Schmetterling schon wieder weit hinaus.

Spielanleitung:
Zunächst fliegen wir allein, dann als Paare im Kreis herum. Wir wiegen uns im Wind, können auch unsere Partner tauschen, ruhen uns aus und fliegen wieder weiter.
Zwischen den einzelnen Strophen kann die Melodie wiederholt werden, damit den Schmetterlingen genügend Zeit zum behutsamen Fliegen bleibt.

Ich will 'ne Biene sein (Das Lied der kleinen Krabbeltiere)

Text und Musik: Stephen Janetzko;

2. Ich will ein Käfer sein, Käfer sein, Käfer sein!
Doch der ist klitzeklein, klitzeklein, klitzeklein
und ich bin riesengroß, riesengroß, riesengroß.
Egal, ich krabble los, krabble los, krabble los!
So ein Käfer krabbelt flink herum,
so ein Käfer krabbelt flink herum, dideldidum!

3. Ich will 'ne Schnecke sein, Schnecke sein, Schnecke sein!
Doch die ist klitzeklein, klitzeklein, klitzeklein
und ich bin riesengroß, riesengroß, riesengroß.
Egal, ich schlurfe los, schlurfe los, schlurfe los!
Eine Schnecke schlurft im Kreis herum,
eine Schnecke schlurft im Kreis herum, dideldidum!

4. Ich will 'ne Raupe sein, Raupe sein, Raupe sein!
Doch die ist klitzeklein, klitzeklein, klitzeklein
und ich bin riesengroß, riesengroß, riesengroß.
Egal, ich krieche los, krieche los, krieche los!
Eine Raupe kriecht im Kreis herum,
eine Raupe kriecht im Kreis herum, dideldidum!

5. Ich will 'ne Hummel sein, Hummel sein, Hummel sein!
Doch die ist klitzeklein, klitzeklein, klitzeklein
und ich bin riesengroß, riesengroß, riesengroß.
Egal, ich brumme los, brumme los, brumme los!
Eine Hummel brummt im Kreis herum,
eine Hummel brummt im Kreis herum, dideldidum!

Spielhinweise: Hier lernen wir einige Kriech- und Krabbeltiere des Frühlings kennen und imitieren ihre Bewegungen. Gleichzeitig wird der Gegensatz klein-groß angesprochen. Zur ersten Liedzeile können wir mitklatschen, zur zweiten machen wir uns ganz klein, zur dritten wieder ganz groß. Auf „egal" eine entsprechende Bewegung machen (z.B. Hand neben dem Körper kurz nach vorne klappen) und dann die Bewegung ggf. ergänzend das Geräusch des jeweiligen Tieres nachahmen. Natürlich können wir auch andere Tiere sein, z.B. Regenwurm, Tausendfüßler, Spinne, Assel...

Die Nina Nacktschnecke

Text und Musik: Lucia Ruf und Stephen Janetzko;

2. Die Lina Laufente schnattert wie verrückt (quak, quak),
denn Lina Laufente hat etwas entdeckt (quak, quak).
Weil Lina Laufente Schnecken gerne mag (quak, quak),
frisst Nina Nacktschnecke nicht mehr den Salat (quak, quak).

Refrain:
Hey Nina, ich find das nicht okay!
Hey Nina, du musst jetzt weiterzieh'n.
Hey Nina, die Ente frisst dich auf.
Hey Nina, schwupps, du bist im Bauch ... schwupps, du bist im Bauch!

3. Die Nina Nacktschnecke wacht im Himmel auf (oh, oh!),
denn Nina Nacktschnecke war in Entes Bauch (oh, oh!).
Weil Nina Nacktschnecke immer Hunger hat (oh, oh!),
frisst Nina Nacktschnecke Wolken aus Salat (oh, oh!).

Refrain:
Hey Nina, das ist mein Lieblingsbeet.
Hey Nina, es ist noch nicht zu spät.
Hey Nina, du musst jetzt weiterzieh'n.
Hey Nina, vor der Ente fliehn ... vor der Ente fliehn.

Hix-Hex, Hexe (Heut ist die Walpurgisnacht)

Text: K. Bucher; Musik: Stephen Janetzko; CD "Die Herbstzeit ist da - 20 schönste Kinderlieder im Herbst" © Edition SEEBÄR-Musik Stephen Janetzko, www.kinderliederhits.de

Tempo: ca. 120

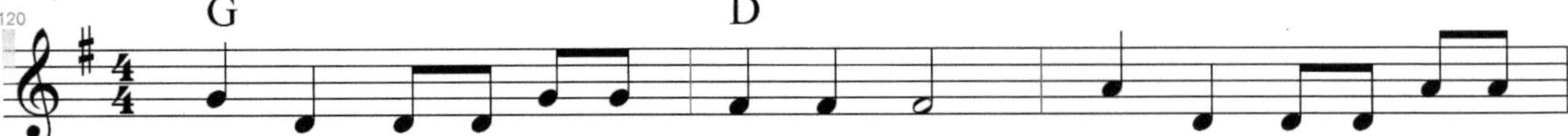

2. Hix-Hex! Hexe, sing das Hexenlied.
Sing, dann singen alle Hexen mit.
Sing laut beim Besenritt, auf geht´s im Sauseschritt.
Hix-Hex! Hexe, sing das Hexenlied.
Hexe spricht: Abrakadabra! Vier, fünf, sechs!
Hix-Hex! Hix-Hex! Hix-Hex, Hex!

3. Hix-Hex! Hexe, hüpf auf einem Bein.
Hüpf, so hoch du kannst, denn Spaß muss sein.
Hüpf über Stock und Stein und mach dich klitze-klein.
Hix-Hex! Hexe, hüpf auf einem Bein.
Hexe spricht: Abrakadabra! Siebn, acht, neun!
Hix-Hex! Hix-Hex! Zauberein!

4. Hix-Hex! Hexe, tanz im Kreis herum.
Tanz, die Trommel trommelt, fidibumm!
Tanz wild und dreh dich um, ganz laut mit viel Gebrumm!
Hix-Hex! Hexe, tanz im Kreis herum.
Hexe spricht: Abrakadabra! Zehn, elf, zwölf!
Hix-Hex! Hix-Hex! Heulen Wölf!

5. Hix-Hex! Hexe, flieg weit durch die Nacht.
Flieg, denn alle Hexen sind erwacht!
Flieg, weil es Freude macht, flieg, dass es zischt und kracht.
Hix-Hex! Hexe, flieg weit durch die Nacht.
Hexe spricht: Abrakadabra! Fidibus!
Hix-Hex! Hix-Hex! Jetzt ist Schluss!*

*Hinweis: Alle Zwischenteile werden gesprochen, gerufen oder geheimnisvoll geflüstert!

Die kleine Hexe Wolkenbruch (Hexen-Spiellied)

Text: Rolf Krenzer; Musik: Stephen Janetzko; CD "In unserm Kindergarten"

2. Die kleine Hexe Wolkenbruch ist froh, wenn alle lachen
und hext mit einem Zauberspruch die allerschönsten Sachen.
Sie weiß genau Bescheid! Passt auf, es ist soweit!

Hexe spricht: Jetzt sollen alle Schreibmaschinen sein!

Refrain: Hei! Hei! Hexerei! Jeder kann sich freun.
Alle Leute können heute Schreibmaschinen sein!
Schreib-, Schreib-, Schreibmaschinen können alle sein!

3. Die kleine Hexe Wolkenbruch ist froh, wenn alle lachen
und hext mit einem Zauberspruch die allerschönsten Sachen.
Sie weiß genau Bescheid! Schon wieder ist's soweit!

Hexe spricht: Jetzt sollen alle Dinosaurier sein!

Refrain: Hei! Hei! Hexerei! Jeder kann sich freun.
Alle Leute können heute Dinosaurier sein!
Di-, Di-, Dinosaurier können alle sein!

4. Die kleine Hexe Wolkenbruch ist froh, wenn alle lachen
und hext mit einem Zauberspruch die allerschönsten Sachen.
Sie weiß genau Bescheid! Schon wieder ists soweit!

Hexe spricht: Jetzt sollen alle Wachmaschinen sein!

Refrain: Hei! Hei! Hexerei! Jeder kann sich freun.
Alle Leute können heute Waschmaschinen sein!
Wasch-, Wasch-, Waschmaschinen können alle sein!

5. Die kleine Hexe Wolkenbruch ist froh, wenn alle lachen
und hext mit einem Zauberspruch die allerschönsten Sachen.
Sie weiß genau Bescheid! Schon wieder ist's soweit!

Hexe spricht: Jetzt sollen alle Pinguine sein!

Refrain: Hei! Hei! Hexerei! Jeder kann sich freun.
Alle Leute können heute Pinguine sein!
Ping-, Ping-, Pinguine können alle sein!

Weitere Spielanregungen:
- Jetzt sollen alle Ballerinen sein...
- Jetzt sollen alle große Frösche sein...
- Jetzt sollen alle Roboter hier sein....
- Jetzt sollen alle Elefanten sein....
- Jetzt sollen alle Düsenjäger sein usw.....

6. Die kleine Hexe Wolkenbruch
mit ihrem Zauberbesen,
die ist mit uns die ganze Zeit
so richtig froh gewesen.
Jetzt ist der Spaß vorbei.
Drum sagt sie: "Eins! Zwei! Drei!

Hexe spricht zum Schluss:
Jetzt steigt auf euren Hexenbesen
und fliegt noch ein Stückchen mit!

Refrain: Hei! Hei! Hexerei!
Wartest du denn schon?
Auf, mein lieber Hexenbesen,
trag' mich nun davon!
Hex-, Hex-, Hexenbesen,
trag mich nun davon!

Spielanleitung: Wir stehen im Kreis. Da reitet die kleine Hexe Wolkenbruch auf ihrem Besen herein. Sie kann auf einem richtigen Besen reiten oder den Besen zwischen ihren Beinen andeuten. Nun verhext sie uns, so dass wir alle pantomimisch das darstellen, in was uns die Hexe verzaubert. Zum Schluss steigt die kleine Hexe Wolkenbruch wieder auf ihren Besen und reitet davon. Wir steigen auch auf unsere imaginären Besen und begleiten sie noch ein Stück. Die Hexe kann von einem Spieler oder von mehreren Spielern dargestellt werden, so dass es zu jeder neuen Strophe auch eine neue Hexe gibt. Als Verkleidung reicht schon ein Tuch um den Kopf, das dann jeder neuen Hexe wieder umgebunden wird.

Die Hexe Boom Boom Boom

Text und Musik: Stephen Janetzko; CD "Tanz den Löwentanz - Meine liebsten Mitmachlieder"

2. Ich flieg auf meinem Besen, putz alles blitzeblank.
3. Und mittags koch ich Suppe, denn Hunger hab ich auch.
4. Nun übe ich Trompete so wie ein Elefant.
5. Am Abend auch noch zaubern: Hix-hex und gute Nacht!
6. Ich träum in meinem Bettchen, wie schön der Tag doch war.
(Hexe schnarcht)

Spielanregungen zum Lied für den pädagogischen Alltag (von Nicole Knorr):

Spielidee 1:
Jedes Kind erhält einen Boomwhacker (im folgenden Text als BW abgekürzt). Kreisaufstellung:
Bei „Boom Boom Boom" 3x den BW in die eigene Hand oder auf das Bein schlagen.
Danach im Kreis laufen. Beim Ende des Refrains stehen bleiben.
1. Strophe: durch den BW schauen
2. Strophe: BW zwischen die Beine nehmen und umherfliegen
3. Strophe: mit dem BW eine imaginäre Suppe umrühren
4. Strophe: in den BW tröten
5. Strophe: BW als Zauberstab schwingen
6. Strophe: BW seitlich an den Kopf legen und als Kissen nutzen
Zwischen jeder Strophe wird der Refrain gesungen!
Achtung, nach der 6. Strophe wird gesprochen: „Pssst, seid mal ganz leise!
Dann können wir die Hexe schnarchen hören…" (Schnarchgeräusche)

Spielidee 2:
*Die BW G** (dunkelgrün) werden an jedes 2. Kind im Außenkreis verteilt.*
Reichen die BW nicht, so bekommt jedes 3. oder 4. etc… Kind einen BW.
Kreisaufstellung:
Bei „Boom Boom Boom" 3x in die Hände klatschen (alle Kinder die keinen BW haben).
Ein Kind übernimmt die Hexenrolle in der Kreismitte. Während des Refrains geht die Hexe i n der Mitte umher und führt alle Bewegungen der einzelnen Strophen (siehe oben) alleine aus.*
Alle BW dürfen während der Strophe mitspielen.
Nach jeder Strophe wandert der BW zum nächsten Kind weiter.

Weitere Varianten, wie sich die Hexe im Kreis beweg kann:
** hüpft, tanzt, schleicht, etc.*
*** Ihr könnt auch Klangbausteine (G) verwenden.*

Du bist meine Sonne

Text und Musik: Sandra Lierz und Stephen Janetzko;

Refrain:
Du bist meine Sonne,
bist mein hellster Stern,
schenkst mir soviel Liebe,
ich hab dich so gern.
Du bist meine Mutter,
du bist für mich da,
du bist meine Mama,
du bist wunderbar!

1. Bin ich mal traurig,
tröstest du mich,
wischt mir die Tränen
aus dem Gesicht.

Refrain: Du bist meine Sonne ...

2. Ein Gänseblümchen
pflück ich für dich,
das soll dir sagen:
Ich liebe dich!

Refrain: Du bist meine Sonne ...

3. Mein ganzes Leben,
an jedem Tag,
sage ich danke,
dass ich dich hab!

Refrain: Du bist meine Sonne ...

Ihr seid meine Sonne (Meine Eltern)

Text und Musik: Sandra Lierz und Stephen Janetzko;

Refrain:
Ihr seid meine Sonne,
seid mein hellster Stern,
ihr gabt mir das Leben,
ich hab euch so gern.
Ihr seid meine Eltern,
ihr seid für mich da.
Du bist meine Mama
und du mein Papa!

1. Bin ich mal traurig,
tröstet ihr mich,
wischt mir die Tränen
aus meinem Gesicht.

Refrain: Ihr seid meine Sonne ...

2. Und bin ich glücklich,
das ist doch klar,
strahlen wir heller
als ein Liebespaar!

Refrain: Ihr seid meine Sonne ...

3. Wenn ich mal groß bin
und nicht mehr klein,
möchte ich gerne
genau wie ihr sein.

Refrain: Ihr seid meine Sonne ...

Meine Mama ist die Beste (Muttertagslied)

Text: Andrea Lederer; Musik: Stephen Janetzko; CD "Der Frühling ist da - 20 schönste Kinderlieder im Frühling" © Edition SEEBÄR-Musik Stephen Janetzko, www.kinderliederhits.de

2. Meine Mama ist die Beste!
   Weckt mich jeden Morgen auf,
   hilft mir in die Schuh und Weste,
   fährt zum Kindergarten rauf.
Refrain: Ja, der Muttertag ist endlich da...

3. Meine Mama ist die Beste!
   Spielt oft mit mir, eins, zwei, drei.
   Und beim Kindergartenfeste
   ist sie stets auch mit dabei.
Refrain: Ja, der Muttertag ist endlich da...

4. Meine Mama ist die Beste!
   Brauch ich Hilfe, ist sie hier!
   Hab ich Kummer oder Schmerzen,
   tröstet sie mich, ist bei mir.
Refrain: Ja, der Muttertag ist endlich da...

5. Meine Mama ist die Beste!
   Ist sie nah oder auch fern,
   sag ich ihr an diesem Feste:
   Mama, ich hab dich so gern!
Refrain: Ja, der Muttertag ist endlich da...

Mama, ach, ich hab dich lieb! (Mama-Lied)

Text und Musik: Stephen Janetzko; CD "Der Frühling ist da - 20 schönste Kinderlieder im Frühling"

Tempo: ca. 168

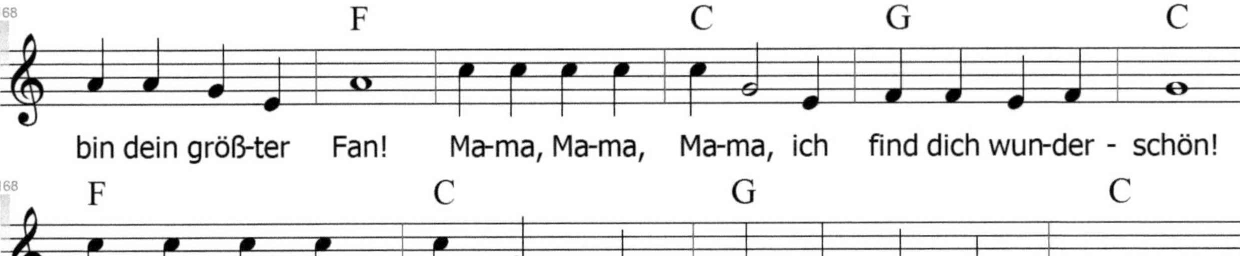

2. Mama, wenn du bei mir bist,
dann hab ich keine Sorgen,
Mama, komm und spiel mit mir
und denk nicht nur an morgen!
Mama, hast cu´s schon gewusst,
ich bin dein größter Fan!
Mama, Mama, Mama,
ich find dich wunderschön!
Mama, Mama, Mama,
ich find dich wunderschön!

3. Mama, ach ich hab dich lieb,
du bist die Allerbeste!
Mama, darum drück ich dich,
ich drücke dich ganz feste!
Mama, hast du´s schon gewusst,
ich bin dein größter Fan!
Mama, Mama, Mama,
ich find dich wunderschön!
Mama, Mama, Mama,
ich find dich wunderschön!

Spielanregung:
Natürlich besonders herzig zum Muttertag und zu Mamas Geburtstag.
Kann durch Gesten unterstützt werden:
Allerbeste: Daumen hoch zeigen!
Drücken: sich selbst umarmen.
Größter Fan: Arme hoch und hin und her winken (wie in der Fankurve mit Fanschal)
Wunderschön: sich wie eine Prinzessin die langen Haare kämmen
Sorgen: Stirn in Falten legen
Morgen: Kopf schütteln
Usw.usf.

Mein Papa ist der Champion (Papa-Lied)

Text und Musik: Stephen Janetzko; CD "Stark wie ein Baum"

Refrain: Mein Papa ist der Champion...

2. Wir lieben es zu kuscheln und Fußball spieln wir auch!
Ich kitzel seine Arme und lieg auf seinem Bauch!

Refrain: Mein Papa ist der Champion...

3. Wir gehen gerne schwimmen und fahren mit dem Rad.
Wir tollen auf der Wiese und pflücken uns Salat!

Refrain: Mein Papa ist der Champion...

4. Er trägt mich auf den Schultern und wirft mich in die Luft.
Aus tausenden von Papas erkenn ich ihn am Duft!

Refrain: Mein Papa ist der Champion...

Hinweis:
Ein echtes Papa-Lied, für Papa-Tage, zu Vatertag, Papas Geburtstag und mehr!

Das Jahr spielt dir Töne vor

Text: Kati Breuer; Musik: Stephen Janetzko; CD "Hallo Herbst, hallo Winter! 20 Lieder für die dunkle Jahreshälfte" © Edition SEEBÄR-Musik Stephen Janetzko, www.kinderliederhits.de

Refrain: Geh nach draußen...

2. Wie klingt der Sommer?
Wie warme Luft.
Wie Bienen-Summen.
Wie Sonnenduft.
So klingt der Sommer, so klingt der Sommer, so klingt der Sommer, so!

Refrain: Geh nach draußen...

3. Wie klingt der Herbst
Wie Raschelblätter.
Wie Sturmgebraus.
Wie Regenwetter.
So klingt der Herbst, so klingt der Herbst, so klingt der Herbst, so!

Refrain: Geh nach draußen...

4. Wie klingt der Winter?
Wie stille Zeit.
Wie Flockenfallen.
Wie Heimlichkeit.
So klingt der Winter, so klingt der Winter, so klingt der Winter, so!

Refrain: Geh nach draußen...

Jahreszeitenlied

Text: Kati Breuer; Musik: Stephen Janetzko; CD "Hallo Frühling, hallo Sommer! 20 Lieder für die helle Jahreshälfte" © Edition SEEBÄR-Musik Stephen Janetzko, www.kinderliederhits.de

2. Hurra, hurra, es ist soweit!
Es kommt die neue Jahreszeit.
Die Sonne scheint oft ganz schön heiß;
erst baden wir, und dann gibt's Eis.
Hallo lieber Sommer, da bist du wieder!
Und wir singen wieder schöne Sommerlieder,
denn wir freu'n uns, dass wir dich endlich wiederseh'n.
Ja, im Sommer ist die Welt so schön!

3. Hurra, hurra, es ist soweit!
Es kommt die neue Jahreszeit.
Wir sammeln viele bunte Blätter
und geh'n auch raus bei Regenwetter.
Hallo lieber Herbst, da bist du wieder!
Und wir singen wieder schöne Herbstzeitlieder,
denn wir freu'n uns, dass wir dich endlich wiederseh'n.
Ja, im Herbst, da ist die Welt so schön!

4. Hurra, hurra, es ist soweit!
Es kommt die neue Jahreszeit.
Wir freu'n uns über Schnee vor'm Haus
und die Natur, die ruht sich aus.
Hallo lieber Winter, da bist du wieder!
Und wir singen wieder schöne Winterlieder,
denn wir freu'n uns, dass wir dich endlich wiederseh'n.
Ja, im Winter ist die Welt so schön!

Inhaltsverzeichnis (alphabetisch):

Zum Autor:

Stephen Janetzko

(Liedermacher, Interpret und Verleger)

Mit einer 20-minütigen MC „Der Seebär" fing alles an, heute sind es bereits ca. 1.000 Kinderlieder, die der gebürtige Hagener Liedermacher bereits auf über 50 CDs und in zahllosen Liedsammlungen veröffentlicht hat. Viele davon, wie „Hallo und guten Morgen", „Wir wollen uns begrüßen", „Augen Ohren Nase", „Das Lied von der Raupe Nimmersatt", „Hand in Hand", „Wenn Martin kommt" oder „In meiner Bi-Ba-Badewanne", werden heute gesungen in Kitas, Schulen und überall, wo Kinder sind.

Alle Lieder dieses Projekts sind erschienen auf Stephens Label und in seinem Musikverlag.

Zu diesem Liederbuch sind separat Download/Streaming-Alben erschienen, diverse CDs sowie eine Playlist u.a. bei Spotify.

... mehr Info, mehr CDs, Downloads/Streaming, ebooks, mehr Lieder & Noten: www.kinderliederhits.de